STEPHANIE RICKENBACHER & LUI EIGENMANN

Reisen Campen WOHNMOBIL

BRUCKMANN

INHALTSVERZEICHNIS

Farbenfrohe Fischerboote im Hafen von Marsaxlokk

Sonnenuntergänge am Meer haben immer etwas Magisches, hier in Südfrankreich.

»REISEN. ES LÄSST DICH SPRACHLOS, DANN VERWANDELT ES DICH IN EINEN GESCHICHTENERZÄHLER.«

Ibn Battūta (1304–1368)

Über 150 x Europa mit dem Wohnmobil erleben

Europa: Das sind 47 Länder, 47 Kulturen, 47 Hauptstädte und noch viel mehr Dialekte. Schon diese Zahlen verraten, Europa hat als Kontinent unglaublich viel zu bieten. Reißende Wasserfälle, Wüsten, Eishöhlen, Schlammvulkane und sogar einen echten Urwald. Doch wo liegen alle diese Schätze versteckt und wie kommt man dorthin? Dieses Buch ist Ihr perfekter Begleiter für Ihre nächste Tour mit dem Wohnmobil über unseren fantastischen Kontinent. Eine kurvenreiche Fahrt über den Wild Atlantic Way in Irland, der »Grand Canyon« von Bulgarien oder eine Tour mit dem Nachtwächter durch das dänische Ribe. Egal ob zu Fuß, mit dem Fahrrad oder dem eigenen Kanu, auf jeder Seite dieses Buches wartet – wie es der Titel schon sagt – ein Abenteuer auf vier Rädern. Eine Aktivität, um das Herz wieder einmal richtig pochen zu lassen, eine Sehenswürdigkeit, welche einen sprachlos zurücklässt oder eine Spezialität, die den Gaumen liebevoll verführt. Egal ob Alleinreisender, zu zweit oder mit der ganzen Familie und

Faszinierende Landschaften an der Algarve in Südportugal

dem Hund. Für alle, die gerne mit dem Wohnmobil oder dem Camper unterwegs sind, ist etwas mit dabei. Damit die Reise zu den Highlights Europas nicht zu stressig wird, gibt es im Buch nicht nur verschiedene Restauranttipps, sondern auch Übernachtungsmöglichkeiten, mal auf einem Campingplatz, mal in der freien Natur. Egal ob Kletterer, Spaziergänger oder Schwimmer, die schönsten Routen, die spektakulärsten Strände und die höchsten Gipfel: Alles das und noch viel mehr gibt es in diesem Buch zu entdecken. Das große Plus an diesem Buch? Alle Tipps kommen direkt von uns reiseerfahrenen Autoren. Drei Jahre waren wir mit unserem Camper schon an den verschiedensten Ecken in Europa unterwegs und waren jedes Mal aufs Neue fasziniert, was unser Kontinent alles zu bieten hat.
Es muss nicht Amerika, Australien oder Neuseeland sein. Europa hat genauso viele Highlights, genauso viele Überraschungen und genauso viele schöne Strände. Packen Sie das Buch ein und fahren Sie von Ihrem Hausplatz an die schönsten Orte in Europa und lassen Sie sich genauso faszinieren wie wir.

Stephanie Rickenbacher & Lui Eigenmann

CAMPINGURLAUB RICHTIG PLANEN

Endlich Urlaub – aber wohin soll es gehen? Gerade beim Reisen mit dem Wohnmobil kann diese Frage lange aufgeschoben werden. Doch ein bisschen Planung schadet nie und wer es geschickt anstellt, macht sich mit der Reisevorbereitung schon mal richtig Lust auf den bevorstehenden Roadtrip.

Wie ich das beste Reiseziel für mich finde

Als Erstes steht wohl schnell die Frage nach dem »wohin« an. Diese geht man am besten systematisch an, grenzt erst ein bisschen ein und holt sich dann Inspiration. Wie lange habe ich Zeit? Wie viele Kilometer möchte ich fahren? Soll es wärmer, kälter oder etwa gleich warm sein wie zu Hause? Worauf liegt der Fokus: Baden (Meer, See, Fluss), sportliche Aktivitäten (Wandern, Kanu oder Kajak, Mountainbiken, Reiten, Golfen) oder das Erlebnis (Städtetrip, Natur, Sehenswürdigkeiten)?

So entscheidet sich, in welche Himmelsrichtung die Reise gehen soll, wie weit weg das entfernteste Ziel liegen darf, ob es ans Meer oder in die Berge geht und natürlich auch, zu welcher Jahreszeit die Tour gefahren wird. Berücksichtigt werden sollte zudem, wer mitfährt. Kinder sowie Haustiere haben andere Bedürfnisse an das Ziel, die Fahrdauer oder die Temperaturzone als Erwachsene.

Guggenheim-Museum in Bilbao, Nordspanien

Ist die grobe Region erst mal definiert, kommt der schönste Teil der Reiseplanung. Inspiration wird gesucht. Dabei können Reisebücher, Magazine, Fernsehbeiträge (Mediatheken konsultieren), Blogs und YouTube-Videos oder natürlich andere Reisende helfen. Eine gute Inspirationsquelle hältst du bereits in den Händen – über 150 Ziele in ganz Europa! Doch wo sollen spannende Orte und Ziele notiert werden? Einige mögen Papierlisten, wir bevorzugen »Google Maps > Meine Karten«. Dort können Ziele markiert und gespeichert werden. Die Punkte können beliebig mit Text und Bild ergänzt und mit Farben und Icons gespeichert werden. Das funktioniert mit Campingplätzen, Restaurants, Ausflugszielen, Naturparks, Museen oder auch einfach mit einem GPS-Daten-Punkt. Je mehr solcher Ziele auf der Karte erfasst werden, desto leichter lässt sich die optimale Route herauslesen. Die muss nicht bis ins Detail geplant sein, ist digital aber leicht von überall abrufbar und gleich als Navigation nutzbar.

Konkrete Reisevorbereitung

Ist die grobe Route definiert, geht es an die Fleißarbeit. Welche Länder werden durchfahren und wie sind die Mautsysteme dort? Kann vorab digital etwas gelöst werden? Ist das Reisemobil einsatzbereit? Wann war der letzte Service und sind die Flüssigkeiten aufgefüllt? Ist das ganze Camping-Equipment vollständig oder müssen noch Besorgungen gemacht werden? Je mehr im Voraus erledigt wird, desto entspannter wird die Reise.

Eine Idee, was alles mitsoll, findet sich auf den nächsten beiden Seiten mit der Camping-Packliste für alle Fälle. Die schaut man sich am besten ein paar Wochen vor der Reise schon mal an. So bleibt genug Zeit, fehlende Dinge zu besorgen.

Deine eigenen Karten in Google Maps erstellen

1. Google Maps am Laptop oder Tablet öffnen und im Menü (drei Striche) den Punkt »Meine Orte« auswählen.

2. Den Reiter »Karten« anwählen und ganz unten auf »Karte erstellen« klicken. Ein neues Fenster öffnet sich.

3. Gewünschten Ort im Suchfeld eingeben oder auf der Karte heranzoomen und anklicken. Im Pop-Up-Fenster »Zur Karte hinzufügen« auswählen. Titel, Beschreibung oder Foto hinzufügen. Farbe und Icon-Motiv können ebenfalls individuell angepasst werden.

4. Nicht nur Ziele, sondern auch Routen können erstellt werden. Diese sind aber in der Anzahl limitiert. Die Karte speichert sich automatisch und ist später unter dem Reiter »Karten« jederzeit wieder abrufbar.

CAMPING-PACKLISTE FÜR ALLE FÄLLE

Spüli, Auffahrkeile oder Korkenzieher – was brauche ich im Campingurlaub? Die Antwort auf diese Frage ist so vielfältig wie die Anzahl an Wohnmobilen auf den Straßen. Daher gilt die folgende Liste als Idee – nichts muss, alles kann und natürlich darf die Liste ergänzt werden, wo nötig.

Im Sommer, speziell beim Badeurlaub, hat man andere Ansprüche als bei Reisen im Winter. Darauf muss beim Packen geachtet werden. Allgemein gilt beim Thema Sicherheit, dass beispielsweise Radwechsel-Werkzeug nur so gut ist, wie die Person, die es anzuwenden weiß. Es ist also durchaus sinnvoll, sich mit gewissen Handgriffen zu Hause in Ruhe vertraut zu machen, bevor man diese im Notfall am Straßenrand erstmalig ausführen muss.

Nie außer Acht lassen darf man zudem das Gewicht des Reisemobils. Viele Fahrzeuge bieten nur wenig Zuladung. Entweder man wiegt alles ab, was man hineinlädt, oder man sucht sich in der Region eine Fahrzeugwaage, etwa bei Entsorgungshöfen, um sein Reisemobil zu wiegen.

Die Grundausstattung im Sommer und Winter ist ähnlich.

Fahrzeug

- ☐ Wasserschlauch + Hahn-Adapter-Set
- ☐ Gasflasche zu Hause füllen + Adapter-Set
- ☐ Navigationsgerät oder Handy-App (Karten offline verfügbar?)
- ☐ Kabeltrommel 25 m + CEE-Adapter und Adapter je Reiseland
- ☐ Auffahrkeile
- ☐ Markisen-Abspannset + Heringe
- ☐ Gießkanne oder Faltkanister
- ☐ Schneeketten (auch beim Festfahren bspw. auf Wiese hilfreich)

Sicherheit

- ☐ Warnwesten für alle Passagiere
- ☐ Pannenhilfe: Mitgliedschaft prüfen
- ☐ Feuerlöscher (noch gültig?) + Gasmelder (funktionstüchtig?)
- ☐ Wagenheber + Abschleppseil (passend fürs Fahrzeuggewicht)
- ☐ Starterkabel
- ☐ Warndreieck
- ☐ Werkzeugkoffer inkl. Material für Radwechsel
- ☐ Evtl. Warntafel für Fahrradträger, Pflicht in Italien + Spanien
- ☐ Klebeband + Kabelbinder

Campingausrüstung

- ☐ Tisch + Stühle
- ☐ Tischlampe oder Kerzen
- ☐ Grill samt Zubehör
- ☐ Bettdecke, Kissen, Bettlaken
- ☐ Seil oder Wäscheleine
- ☐ Taschenlampe
- ☐ Feuerzeug oder Streichhölzer
- ☐ Handbesen
- ☐ Mückenschutz

Küche

- ☐ Geschirr, Tassen und Besteck
- ☐ Töpfe + Pfannen mit Deckel
- ☐ Pfannenwender + Kochlöffel
- ☐ Untersetzer (oder Schneidebrett aus Holz)
- ☐ Rüstmesser + Schneidebrett
- ☐ Schüssel + Sieb
- ☐ Spülmittel, Schwamm und Geschirrtücher
- ☐ Haushaltpapier
- ☐ Frischhalteboxen
- ☐ Alufolie
- ☐ Korkenzieher + Dosenöffner
- ☐ Müllbeutel
- ☐ Vorräte für die ersten 1–2 Tage
- ☐ Gewürze, Öl und Essig
- ☐ Soßen wie Senf, Mayonnaise oder Ketchup
- ☐ Brotaufstriche
- ☐ Kaffee/Tee und Zubehör

Persönliches

- ☐ Kleidung inkl. Unterwäsche
- ☐ Jacken
- ☐ Sportsachen, Rucksack und Badehosen
- ☐ Schuhe (Wandern, Stadt, Baden)
- ☐ Sonnenbrille + Sonnenhut
- ☐ Brille/Kontaktlinsen samt Zubehör
- ☐ Bücher/eReader, Magazine, Spiele, Schreibsachen
- ☐ Ausweis, Krankenversicherungskarte
- ☐ Geldbörse, Kreditkarte
- ☐ Reiseunterlagen, Fährtickets, etc.

Bad

- ☐ Zahnhygiene
- ☐ Haar- und Hautpflegeprodukte
- ☐ Schmink- und Abschminkutensilien
- ☐ Rasierer samt Zubehör
- ☐ Nagelschere
- ☐ Reiseföhn
- ☐ Toilettenpapier + Toiletten-Zusätze
- ☐ Handtücher (pro Person 2 Stk.)

Private Technik

- ☐ Handy + Ladekabel, evtl. Powerbank
- ☐ Kamera, Ersatzakku und Ladekabel
- ☐ Kamera-Equipment: leere Speicherkarten, Stativ, Objektive
- ☐ evtl. Laptop + Ladekabel

Reiseapotheke

- ☐ Blasenpflaster
- ☐ Kopfschmerztabletten
- ☐ Desinfektionsspray + Wundbehandlung
- ☐ Pflaster + Verbandmaterial
- ☐ Anti-Durchfallmedikament
- ☐ Anti-Reiseübelkeit
- ☐ Pinzette
- ☐ regelmäßige persönliche Medikamente
- ☐ Verhütung

Kinder

- ☐ Ausweise
- ☐ Kleidung, Schuhe, Sonnenbrille, Hut
- ☐ Hygieneartikel (s. oben), evtl. zusätzliche Medikamente
- ☐ Kleinkinder: Wickelzubehör, Schnuller, Spezialnahrung, Babyfon
- ☐ Kuscheltier + Schlafanzug
- ☐ Spielzeug, Malsachen, Bücher, Hörspiele + Kopfhörer
- ☐ Badeanzug, Schwimmhilfe, Taucherbrille
- ☐ Fahrrad/Scooter inkl. Helm
- ☐ Gemeinschaftsspiele
- ☐ Taschenlampe + Taschenmesser
- ☐ evtl. eigenes Zelt samt Zubehör

Haustiere

- ☐ Halsband/Brustgeschirr mit Adresskapsel + Telefon-Nr.
- ☐ Leine + Befestigung am Stellplatz
- ☐ Transportbox und evtl. Reiseübelkeit-/Beruhigungstropfen
- ☐ evtl. Maulkorb (öffentliche Verkehrsmittel etc.)
- ☐ Einreisebestimmungen + Krankheiten vor Ort kennen
- ☐ EU-Heimtierausweis + Impfausweis (Auffrischimpfung?)
- ☐ Trink- und Fressnapf, Futter + Leckerlis
- ☐ Spielzeug + Bettchen
- ☐ Kot-Tüten
- ☐ evtl. Pfotenschutz, wenn sehr heiß/kalt
- ☐ Reiseapotheke für Tiere + Zeckenzange

Sonnenaufgang an der Praia
das Catedrais in Nordspanien

SKANDINAVIEN & BALTIKUM

Wälder, Seen und unendliche Weiten

Wandern in Skandinavien, hier im Oulanka-Nationalpark

Die nordischen Länder stehen für menschenleere Weiten, einzigartige Natur und eine Freiheit für Reisende, die in manch anderen Ländern per Gesetz verboten wurde. Skandinavien und das Baltikum sind absolute Freistehparadiese und trumpfen gleichzeitig mit liebevoll geführten kleinen Campingplätzen auf.

Angeln, Wandern, Feuermachen, Seen, Berge, Mitternachtssonne im Sommer und Nordlichter im Winter – Skandinavien bietet eine Fülle an einzigartigen Aktivitäten und Erlebnissen. Aber auch das Baltikum darf nicht unterschätzt werden. Die Infrastruktur ist einwandfrei, die Menschen freundlich und offen, und auch hier gibt es viel zu sehen.

INFOS

Dänemark
Dänische Kronen (DKK)
teilweise Brücken-/Tunnelmaut
www.visitdenmark.de
Freies Campen: verboten

Schweden
Schwedische Kronen (SEK)
teilweise Brücken-/City-/Tunnelmaut
www.visitsweden.com
Freies Campen: eingeschränkt erlaubt

Norwegen
Norwegische Kronen (NOK)
teilweise Brücken-/Tunnel-/Strecken-/Citymaut
www.visitnorway.de
Freies Campen: eingeschränkt erlaubt

Finnland
Euro (EUR)
keine Maut
www.visitfinland.com
Freies Campen: eingeschränkt erlaubt

Estland
Euro (EUR)
keine Maut
www.visitestonia.com
Freies Campen: eingeschränkt erlaubt

Lettland
Euro (EUR)
keine Maut, Umweltgebühr Jūrmala
www.latvia.travel/de
Freies Campen: eingeschränkt erlaubt

Litauen
Euro (EUR)
keine Maut, Umweltgebühr Kurische Nehrung
www.lithuania.travel/de
Freies Campen: eingeschränkt erlaubt

Die wunderschöne Altstadt von Ribe bezaubert mit ihren steinernen Gebäuden.

Ribe mit dem Nachtwächter –
ein einmaliges Erlebnis!

1 RIBE Die älteste Stadt Dänemarks

Nur wenige Kilometer von der Nordseeküste entfernt liegt der bezaubernde Ort Ribe. Die älteste Stadt Dänemarks ist bekannt für ihre gut erhaltene Altstadt. Wer auf dem Wohnmobil-Stellplatz parkt und zu Fuß ins Zentrum spaziert, kommt an wunderschönen Privathäusern vorbei, die sich in ihrer Blütenpracht gegenseitig übertrumpfen. Im Zentrum sind Kopfsteinpflasterstraßen, mittelalterliche Prachtbauten und Wassermühlen Zeugen einer lebendigen Geschichte, die bis ins Jahr 710 zurückreicht. Der Dom auf dem Torvetbildet das Herz der Altstadt. Er ist der älteste Dom Dänemarks und das Wahrzeichen der Stadt. Um ihn herum befinden sich einige Restaurants sowie Geschäfte. Von diesem Hauptplatz zweigen verschiedene Einkaufsstraßen ab, in denen sich weitere Geschäfte und Restaurants, das Kloster von Ribe sowie verschiedene Museen befinden.

Am erlebnisreichsten lässt sich Ribe mit dem Nachtwächter erkunden. Von Mai bis Oktober nimmt dieser Besucher täglich um 20 Uhr – von Juni bis August zusätzlich um 22 Uhr – mit auf seinen traditionellen Rundgang durch den Ortskern. Die kostenlose Führung findet auf Dänisch sowie Englisch statt und dauert rund 45 Minuten. Start ist am Torvet beim Restaurant Weis Stue.

Schon zu Wikingerzeiten verband ein Kanal Ribe mit der Nordsee. Der Ort war eine wichtige europäische Handelsstadt, die den Norden mit dem Rest Europas verband. Doch wenn die hölzernen Schiffe beladen mit Gütern und Wikingern die Stadt verließen, wurde nicht nur freundschaftlich gehandelt, sondern auch Angst und Schrecken verbreitet.

Wer die Wikingerzeit noch heute hautnah erleben möchte, hat hier in Ribe gleich zwei Möglichkeiten dazu. Einerseits das Wikingermuseum im Ortszentrum und andererseits das etwas südlich der Stadt gelegene Freilichtmuseum Ribe Viking Center. Dort finden sich originalgetreue Gebäude, verschiedene Relikte sowie entsprechend gekleidete Darsteller, welche die Besucher auf eine Zeitreise mitnehmen.

Nordseeküste heißt natürlich auch in Dänemark Wattenmeer. Wer nicht nur im Watt wandern möchte, der kann ins Wattenmeerzentrum (Okholmvej 5, ca. 15 Min.) fahren, wo eine Ausstellung Einblick in die Natur- sowie Vogelwelt im Watt gibt.

RIBE BIETET SEINEN BESUCHERN EINEN LEBHAFTEN EINBLICK IN DIE GESCHICHTE. OB IM WIKINGERMUSEUM, BEIM NACHTWÄCHTERRUNDGANG ODER EINFACH SO BEIM SPAZIEREN DURCH DIE BEZAUBERNDEN GASSEN DER KLEINSTADT.

TIPP

Ribe hat am Ortsrand einen eigenen Wohnmobil-Stellplatz: Autocamper Parkering Ribe. Der ist nicht besonders schön, sondern nur ein Parkplatz. Aber praktisch ist er, um sich die Stadt anzusehen. Gemütlicher, aber etwas weiter außerhalb liegt der Camping Ribe. Ein sehr gepflegter und schöner Campingplatz, der ganzjährig geöffnet hat.

Dänemark hat tolle Strände zu bieten, beispielsweise auf Rømø (links) oder beim Leuchtturm Rubjerg Knude (rechts oben). Die Landspitze Dänemarks in Skagen (rechts unten).

2 RØMØ Wattenmeer-Insel

Einmal mit dem Wohnmobil direkt auf den Strand fahren, das geht in Rømø. Die südlichste Wattenmeer-Insel der dänischen Küste ist mittels eines Dammes mit dem Festland verbunden. Die Insel gehört zum Nationalpark Vadehavet und bietet allerlei Aktivitäten. Zugvögel beobachten, mit etwas Glück Robben sehen (bitte Abstand halten), Wattwandern mit Blick auf die Gezeiten, Reiten und vieles mehr. Und das Beste, tagsüber kann man mit dem Wohnmobil direkt am Strand stehen und darf dort den Tag verbringen.

TIPP

Freistehen über Nacht ist in Dänemark grundsätzlich verboten, im Nationalpark gleich doppelt. Auf Rømø befinden sich aber mehrere Stell- und Campingplätze. Nur durch Dünen vom Strand getrennt ist der First Camp Lakolk Strand.

3 RUBJERG KNUDE Wanderdüne und Leuchtturm

Dänemark ist voller Sand. Riesige Dünen werden von den Gezeiten an der Westküste angeschwemmt und vom Wind übers Land gen Osten getragen. Irgendwann werden sie in der Ostsee wieder verschwinden. Doch bis dahin wälzen sie sich jährlich unaufhaltsam vorwärts. So wird auch der Leuchtturm Rubjerg Knude irgendwann Opfer des Sandes, denn ihm bröckelt die Düne unter dem Sockel weg. Bis dahin lohnt sich aber eine Dünenwanderung zu diesem beeindruckenden Leuchtturm auf der Sandklippe.

TIPP

Eine schöne Wanderung führt vom Rubjerg Knude nach Norden bis Lønstrup. Der Weg folgt der beeindruckenden Steilküste, im schmucken Ort Lønstrup kann man lecker essen, beispielsweise im Café Slugten.

4 SKAGEN Meere treffen sich

Skagen liegt an der nördlichsten Spitze Dänemarks und ist ein hübscher kleiner Ort mit Hafen. Doch noch viel spannender ist Grenen, der absolut nördlichste Punkt Dänemarks. Das Besondere hier ist, dass man mit bloßem Auge sehen kann, wie sich die Ostsee und die Nordsee treffen. Wellen kommen von beiden Seiten herangeschwappt und bringen auch Sand mit sich. So entstand hier während 100 Jahren ein Kilometer Landfläche. Wer im Sand nicht so gut zu Fuß ist, kann sich per Trekker bis zur Spitze bringen lassen.

TIPP

Wie immer gilt, wer den magischen Ort ohne viele Menschen erleben will, kommt frühmorgens oder spätabends her. Dann sind oft Robben am Strand. Bitte reichlich Abstand halten, denn die Tiere erholen sich hier.

Göteborg zeigt seine Liebe zum Meer gerne.

6 HAGA UND FESKEKÖRKA

Göteborger Stadtteil und Fischmarkthalle

Der Stadtteil Haga in Göteborg ist bekannt für seine pittoresken Holzhäuser, die kopfsteingepflasterten Straßen sowie die vielen hippen Bars und Cafés. Einfach durch die Gassen spazieren und sich treiben lassen. In der Feskekörka herrscht ein ganz anderes Flair. In der »Fischkirche« wurden Fische zwar nie angebetet, doch das Angebot ist fast schon göttlich. Frischer Fisch oder schon zum Essen zubereitet – ein Besuch in dieser Markthalle lohnt sich (wegen Sanierung erst ab 2023 wieder offen).

TIPP

Frisch gebackene Zimtschnecken gefällig? Ohne das fast schon Nationalgericht probiert zu haben, kann man weder die Stadt, noch das Land verlassen. Schau deshalb im Café Husaren vorbei, dort gibt es richtig leckere Exemplare.

5 ORUST UND TJÖRN

Schäreninseln

Schweden bietet an seinen Küsten bezaubernde Schäreninseln. Rund eine Fahrstunde nördlich von Göteborg liegen gleich mehrere sehenswerte Schären-Inselgruppen. Die größte davon ist Orust. Hier finden sich Fischerdörfer, karge Felslandschaften und versteckte Buchten. Die Insel Tjörn erreicht man über mehrere Brücken. Auf der Insel sind Werften und Reedereien noch immer die größten Arbeitgeber. Kyrkesund oder auch Skärhamn sind beispielsweise typische malerische Fischerorte auf Tjörn.

TIPP

Ein Abstecher nach Hälleviksstrand lohnt sich. Der kleine Ort am Meer ist unter Schweden und Norwegern als Ferienort längst bekannt. Bunte Holzhäuschen, viel privater Bootsverkehr und gerade im Sommer ist gut was los.

7 GÖTEBORGER PARKS UND LISEBERG

Grüne Lungen und Vergnügung pur

Göteborg ist voller Parks und Grünflächen. Der größte und älteste Park ist der Slottsskogen. Ob Wander- und Sportwege um die Seen, Rasenflächen für Picknicks oder Spielplätze, der Park bietet viele Möglichkeiten. Zudem beherbergt er den ältesten Zoo Schwedens, der die heimische Tierwelt den Besuchern näherbringt. Der Zoo ist ganzjährig kostenfrei besuchbar. Etwas wilder geht es im Liseberg zu, einem Vergnügungspark, der im Winter zum Weihnachtsdorf wird. Für diesen Spaß muss man aber den Geldbeutel zücken.

TIPP

Beim Liseberg gibt es nebst dem sehr komfortablen Campingplatz Lisebergsbyn auch den kostengünstigeren Stellplatz Liseberg Skatås Ställplats oben auf dem Hügel. Entscheide selbst, wie viel Komfort du bei deinem Städtetrip haben möchtest.

Schwedens bezaubernde Schäreninseln (oben). Die Feskekörka ist ein Fischmarkt (unten).

Straßen mitten durch die Wildnis Schwedens (links). Man kann sie nur genießen, die Natur im Naturreservat Glaskogen (rechts).

8 GLASKOGEN Kanuwandern im Naturreservat

Das Naturreservat Glaskogen ist ein wahres Paradies an Gewässern und wartet mit einer reichen Flora und Fauna auf. Ein Netz aus über 300 Kilometern gut ausgebauten Wanderwegen macht dieses Kleinod für jeden entdeckbar. Kurze Touren, Tages- bis hin zu Wochenwanderungen können dank der guten Infrastruktur im Naturreservat unternommen werden. Speziell wer frühmorgens oder abends unterwegs ist, hat die Chance, Wildtiere zu sehen.

Für alle, die gerne auf dem Wasser unterwegs sind, bietet der Glaskogen eine weitere Besonderheit: Wasserwanderwege. Auf einsamen Seen und Flüssen durch das flache Wasser paddeln, Beeren und Pilze sammeln und gleich auf dem Feuer zu leckeren Speisen verarbeiten. Übernachten auf idyllisch angelegten Rastplätzen direkt am Wasser, wo man bevorzugt abends oder am frühen Morgen seine Angel auswerfen kann und darauf wartet, dass das Abendessen anbeißt. Eine kurze Tour (2–3 Stunden) ist die Buvattnet-Route, welche auch für Anfänger gut zu machen ist. Zwei bis drei Tage unterwegs ist man auf der Stora-Gla-Tour, bei der es viele Inseln zu entdecken gibt, noch etwas weiter ist die Lelången-Tour, die eher etwas für Fortgeschrittene ist.

Am besten fährt man mit seinem Wohnmobil zuerst nach Lenungshammar. Dort befindet sich die Touristeninformation für das Glaskogen Naturreservat mit allen Informationen zu der Besucherkarte, die bei einem Aufenthalt im Reservat Pflicht ist und deren Gebühr zum Unterhalt der Infrastruktur beiträgt, sowie zur Angelkarte. Im Ort können Kanus sowie die komplette Ausrüstung zum Kanuwandern gemietet werden. Außerdem gibt es einen Campingplatz, da freies Übernachten im Naturreservat untersagt ist.

TIPP

Um sich auf kürzere Routen bis hin zu Mehrtagestouren gut vorbereiten zu können, empfiehlt es sich, die speziellen Wander- und Kanuwanderkarten, die Besucherkarte für den Aufenthalt im Naturreservat Glaskogen sowie gegebenenfalls Angelkarten in Lenungshammar, bei den Touristenbüros in Westvärmland, den Tankstellen in Glava oder auf der Webseite www.glaskogen.se/de vorab zu beziehen. Rast- sowie Übernachtungsplätze sind ausreichend vorhanden, ebenso Feuerstellen, um sich seine Mahlzeit direkt auf dem offenen Feuer zuzubereiten. Im Sommer bitte allfällige Feuerverbote beachten.

IST DAS DA VORNE ETWA EIN ELCH? DIE INTAKTE NATUR IM GLASKOGEN NATURRESERVAT LÄSST EINMALIGES SCHWEDENFEELING AUFKOMMEN.

9 KARLSTAD

Sehenswerte Strecken

Den Weg zum Ziel machen. Gerade im weitläufigen Norden ist das eine sehr gute Idee. Entlang von wunderschönen Seen, durch abwechslungsreiche Wälder – Achtung Elch – und vorbei an kleinen süßen Orten, so sollte eine Route sein. Nördlich von Karlstad bis zum Naturreservat Glaskogen gibt es beispielsweise so eine sehenswerte Strecke.

Ab Karlstad folgt man der Nationalstraße 62. Sie folgt dem Flusslauf des Klarälven gen Norden und gibt immer wieder tolle Blicke auf den Fluss und seine Windungen frei. Besonders schön ist der Abschnitt von Forshaga bis Ekshärad. Vorbei am Visten-See, den typischen weiß-roten Schwedenhäusern und dem ein oder anderen »Loppis« – schwedische Flohmärkte direkt bei den Wohnhäusern.

In Ekshärad biegt man nach Westen ab auf die kleinere Fernstraße 239, die bis Torsby führt. Auf diesem Abschnitt rückt der Wald gefühlt noch etwas näher an die Straße und wer die Strecke frühmorgens oder am späteren Abend fährt, hat sehr gute Chancen, Elche anzutreffen. Also unbedingt vorsichtig fahren. In dieser Region gibt es zudem unzählige Freistehplätze. Um sie zu finden, kann entweder Google Maps mittels Satellitenansicht konsultiert werden oder man schaut in die gängigen Freisteh-Apps wie beispielsweise Park4Night rein. Wer noch weiter will, kann der E45 zurück nach Süden folgen. Der Abschnitt hier führt direkt am Mellan Fryken See entlang mit fantastischen Ausblicken. Ab Amtervik kann man dann Richtung Arvika abbiegen und gelangt so zum Glaskogen Naturreservat, dessen Informationszentrum in Lenungshammar am See Stora Gla liegt.

TIPP

Wie findet man denn solche schönen Strecken? Einerseits gibt es fast in jedem Land bekannte Strecken wie Panoramastraßen, Weinstraßen, Höhenstraßen oder ähnliches. Doch natürlich gibt es unzählige mehr und hier kommen Straßenatlasse ins Spiel. Schon klar, niemand plant oder fährt heute noch nach Papierkarten. Doch auf fast jeder gedruckten Karte sind genau solche sehenswerten Strecken farbig markiert, beispielsweise im Maxi-Atlas Europa von Marco Polo.

Ein Naturhighlight im Norden Schwedens: der AbiskoNationalpark

Gut markierte Wege laden zum Erkunden des Parks ein.

10 LAPPLAND Unterwegs im Abisko-Nationalpark

Der Abisko-Nationalpark liegt rund 250 Kilometer nördlich des Polarkreises und somit bereits in Schwedisch Lappland. Der Nationalpark beherbergt einzigartige Natur mit der typisch nordischen Fauna. Arktische Wälder mit vielen Zwerg-Birken, Moorebenen und Almwiesen voller Heidelbeersträucher säumen das bezaubernde Abisko-Tal, welches von mächtigen Bergketten sowie dem größten Gebirgssee Schwedens eingerahmt wird. Mittendurch fließt der Abiskojåkka, ein rund zehn Kilometer langer Fluss, der im Parkgelände eine tiefe Schlucht geschaffen hat. In der Abisko Touristeninformation befindet sich ein kleines Museum und man kann sich über allerlei Aktivitäten informieren.

Der Nationalpark bietet seinen Besuchern im Sommer verschiedene Wanderungen und Aktivitäten wie beispielsweise Fliegenfischen an. Dank Schutzhütten können die Wanderungen auf mehrere Tage ausgedehnt werden. Das Mückenspray sollte im Gepäck dabei sein, der Mückenbestand ist jahreszeiten- und wetterabhängig.

Auch im Winter gibt es im Abisko-Nationalpark viel zu erleben. Skipisten, Langlaufstrecken, Schneeschuhtouren, Hundeschlittenfahrten oder Eisfischen locken echte Abenteurer an. Wenn die Nächte wieder dunkel werden, lohnt sich zudem ein Besuch in der Aurora Sky Station. Mittels Sessellift gelangt man zur Station, wo man viel über die Nordlichter erfahren kann und die Chance, diese auch selbst zu sehen, sehr hoch ist.

Ganzjährig leben auf dem Parkgelände Elche, Rentiere, vereinzelt Luchse, Polarfüchse und Vielfraße. Mit etwas Glück und eher morgens oder abends besteht durchaus die Chance, das eine oder andere Wildtier zu entdecken. Ein Fernglas sollte daher auf jeder Wanderung mit.

Es gibt auch einen Campingplatz nahe dem Besucherzentrum des Abisko-Nationalparks, den Björklidens Camping. Schön ist anders, aber er ist ganzjährig geöffnet und zeigt seinen Charme wohl erst so richtig, wenn der Kiesparkplatz unter einer Schneedecke verschwindet. Freies Übernachten auf Parkplätzen außerhalb der Nationalpark-Grenze ist natürlich auch möglich.

IM SOMMER WIRD ES DANK DER MITTERNACHTSSONNE NICHT MEHR DUNKEL, VON HERBST BIS FRÜHLING TANZEN POLARLICHTER AM HIMMEL. GLEICH ZWEI EINMALIGE NATURSPEKTAKEL KANN MAN IM ABISKO-NATIONALPARK ERLEBEN.

TIPP

Fernwanderfreunde aufgepasst: Der Kungsleden, auf Deutsch Königsweg, ist der bekannteste und mit 440 Kilometern der längste Fernwanderweg Schwedens. Der beliebteste Abschnitt beginnt in Abisko und führt über 105 Kilometer nach Nikkaluokta. Etwa eine Woche braucht man, um diese Etappe über die höchsten Berge Schwedens mit traumhaften Aussichten zu wandern.

Stavanger (oben),
Aussichtspunkt Stegastein
(unten)

11 SULESKARVEGEN Beeindruckende Gebirgsstraße

Von Nomeland nach Suleskard führt die rund 42 Kilometer lange höchste Straße in Südnorwegen, der Suleskarvegen. Die schmale Straße führt einen mitten durch die alpine Gebirgslandschaft Südnorwegens. Endlose Weiten, grüne Wiesen, dazwischen schroffe Felsen und Berge sowie immer wieder kleine Seen. Es ist atemberaubend schön. Aber Achtung: Der Suleskarvegen ist vom 1. November bis etwa 20. Mai gesperrt.

TIPP

Die Serpentinen vor Lysebotn bieten spektakuläre Blicke auf den Lysefjorden. Wer will, wandert zum Kjerag – ein zwischen Felsen eingeklemmter Steinbrocken mit Sicht auf den Fjord. Ab Lysebotn kann man per Fähre nach Lauvvik fahren.

Kurzer Stopp in der unglaublichen Natur des Suleskarvegen

12 STAVANGER Weiße und bunte Holzhäuser

Stavanger ist mit etwas über 140 000 Einwohnern die viertgrößte Stadt Norwegens. Der schmucke Ort besticht durch seine gepflegten Holzhäuser, speziell im Stadtteil Gamle Stavanger mit über 170 meist weiß gestrichenen Häusern. Am Hafen dominieren die bunten Sjøhus das Bild. In diesen Speicherhäusern wurden früher Heringe eingesalzen. Heute dienen die Gebäude als Büros, Restaurants oder Wohnungen.

TIPP

Die wohl farbenprächtigste Straße ist die Øvre Holmegate. Die Gebäude leuchten in verschiedenen Farben und versprühen pure Lebensfreude, die sich besonders in den Cafés, Kneipen und kleinen Läden spüren lässt.

13 BIRKELANDSVEGEN Traumhafte Ausblicke

Von Sauda nach Breiborg führt die rund 20 Kilometer lange Gebirgsstraße 520, auch Birkelandsvegen genannt. Die enge Straße schlängelt sich durch die atemberaubende Berglandschaft. Wenig Verkehr, spärliche Besiedelung, aber einmalig schöne Natur. Seen, weite Ebenen, übersät mit Felsen und Bergen, so weit das Auge reicht. Wer einsame Bergstraßen liebt, ist hier genau richtig. Und natürlich können auch die Wanderschuhe geschnürt werden.

TIPP

Nur ein paar Kilometer nördlich vom Birkelandsvegen liegt der imposante Zwillingswasserfall Låtefossen. Kraftvoll fällt der Fluss über den 165 Meter hohen Felsen, um direkt unter der steinernen Straßenbrücke hindurchzufließen.

14 SNØVEGEN Der Schnee-Pass

Wo der längste Tunnel der Welt Aurland und Lærdal verbindet, gibt es eine Umfahrung über die Passstraße Snøvegen, auch Aurlandsfjellet genannt. Steil und eng windet sie sich auf über 1300 Höhenmeter hinauf. Von der Stegastein-Plattform aus blickt man auf den malerischen Fjord hinunter. Danach geht es 48 Kilometer durch die einmalige Alpinlandschaft Norwegens. Atmen nicht vergessen! Einfach unglaublich schön.

TIPP

Diese Landschaft ist so traumhaft, es braucht beinahe keinen extra Tipp. Nur die Empfehlung, viel Zeit mitzubringen und nach Möglichkeit in einer der wunderschönen Parkbuchten die Nacht zu verbringen – also vorher einkaufen.

Den Gamle Strynefjellsvegen können wir empfehlen.

15 NIGARDSBREEN

Auf du und du mit dem Gletscher

Breen heißt übersetzt Gletscher und davon gibt es in Norwegen zahlreiche. Der Nigardsbreen liegt im lang gestreckten Hostetal und überzeugt durch seine relativ leichte Erreichbarkeit sowie seine bezaubernde Farbe. Dem türkisblauen Fluss folgt man vom Parkplatz bis zur Gletscherzunge. Schon von Weitem kann man die riesige Eismasse zwischen den sich auftürmenden Felsen sehen, und je näher man kommt, desto kräftiger wird die blaue Farbe, die das Eis reflektiert. Für ein besonders inniges Erlebnis bucht man eine geführte Tour in oder über den Gletscher. Informationen dazu gibt es im Besucherzentrum.

TIPP

Für die etwa 30-minütige Wanderung vom Parkplatz zum Gletscher sollte man gutes Schuhwerk anziehen. Der Weg beginnt flach und durch den lichten Wald, doch später geht es über glatte Felsen, Stufen und viele Steine. Das letzte Stück zum Gletscher geht ziemlich steil hinauf. Absperrungen respektieren!

16 GAMLE STRYNEFJELLSVEGEN

Schmale Schotterstraße mit Weitblick

Eingebettet zwischen den Bergen folgt der Gamle Strynefjellsvegen, offiziell die Straße 258, ab Hjelledalen dem Fluss Videdøla in wunderbaren Schlaufen. Menschenleere Weiten, nur noch niederer Bewuchs säumt die immer steinigere Landschaft, mittendrin dieser türkisfarbene Fluss. Asphalt wird zu Schotter, die Straße führt an einem bezaubernden Gletschersee entlang. Die Ausblicke vom Weg aus sind spektakulär, doch wer auf die Bergspitzen wandert, bekommt Weitblicke der Superlative. Parkbuchten laden zum Übernachten ein.

TIPP

Ab Grotli ist es nicht mehr weit zum Dalsnibba, einer kostenpflichten Aussichtsplattform mit Blick bis hinunter in den Gejrangerfjord. Die gratis Alternative folgt etwas weiter unten beim Rastplatz Fljdalsjuvet. Weil beide Orte sehr beliebt sind, sollten Wochenenden möglichst gemieden werden.

Auf Tuchfühlung mit einem
Gletscher am Nigardsbreen

17 INSEL SENJA

Die ruhigere Lofoten Alternative

Die Lofoten kennt vermutlich jeder – zumindest vom Hörensagen. Senja, eine Insel wenig nördlicher, ist eine super Alternative, die genauso beeindruckende Bergketten, die direkt aus dem Meer hinausragen, bietet. Weiße Sandstrände, bestehend aus Korallenstückchen, säumen einige Küstenabschnitte. Weiter finden sich auf der kleinen Insel spektakuläre Ausblicke von erhöhter Lage – beispielsweise am Aussichtspunkt Bergsbotn. Wandert man auf die Felsen hinauf, bekommt man noch beeindruckendere Sichten auf die einmalige Natur. Auch auf Senja sieht man das Meer in den schönsten Türkistönen schimmern. Schaut man genauer hin, erkennt man, dass es selbst metertief glasklar ist. Besonders schön zu sehen ist es in Hamn i Senja, einem kleinen Örtchen mit weißen Holzhäusern und einem kleinen Hafen.

TIPP

Im Ersfjord kann auf einem großen Parkplatz bei der goldenen Toilette übernachtet werden. Vom dortigen Strand aus hat man einen tollen Blick auf die Bergkette der Teufelszähne. Besonders beeindruckend ist die Szenerie natürlich bei gutem Wetter zur Mitternachtssonne im Juni und Juli.

Die Insel Senja ist eine gute Alternative zu den teils überfüllten Lofoten.

Im Meer darf ohne
Schein geangelt werden
und die Fische beißen
im Norden gut.

Der berühmte Globus am Nordkap nachts um 2 Uhr

18 NORDKAP Der nördlichste Punkt Europas

Das Nordkap ist von vielen Menschen ein Sehnsuchtsziel. Einmal im Leben am berühmten Globus stehen, nach Norden blicken und – mit Ausnahme der Inselgruppe Spitzbergen – kein Land mehr zwischen sich und dem Nordpol wissen. Wo der Arktische Ozean auf den Atlantik trifft, wo im Sommer zweieinhalb Monate die Sonne nicht mehr untergeht und es im Winter zwei Monate lang komplett dunkel bleibt, hierhin zieht es uns Reisende. Doch der Weg ist weit. Alleine von Oslo ans Nordkap sind es 2000 Kilometer. Das ist so weit wie vom Bodensee nach Kiel und zurück – ohne Autobahn! Zeit ist also ein entscheidender Faktor, wenn das Abenteuer Nordkap nicht nur zum Fahrmarathon werden soll.
Die Natur erhält ihr einsames karges Auftreten schon Hunderte Kilometer eher. Kein Baum wächst so weit im Norden, nicht einmal Sträucher gibt es außerhalb von gut gepflegten Gärten zu sehen. Gras, Moos und Flechten bedecken den Boden und locken damit die Rentiere an. Die sieht man hier oben an fast jeder Ecke. Halbwild leben die teils weit verstreuten Herden. Sie gehören den Samen, den Ureinwohnern Lapplands. Auf der Straße ist wegen der Rentiere besondere Vorsicht geboten, sie rennen gerne doch noch mal zurück über die Fahrspur.
Das Nordkap Besucherzentrum liegt eigentlich nicht auf dem Festland, sondern auf einer Insel, die man dank einem Tunnel bequem erreicht. Seit 2021 kostet der Parkplatz sowie der Aufenthalt im Freigelände am Besucherzentrum nichts mehr, nur der Besuch im Zentrum mit seinen Ausstellungen ist noch kostenpflichtig. Dieses ist ganzjährig geöffnet, die Öffnungszeiten finden sich auf www.visitnordkapp.net.
Die Insel Magerøya, auf der das Nordkap liegt, hat aber noch mehr zu bieten. Da wären beispielsweise die Wanderungen von Skarsvåg zum Felsbogen von Kirkeporten oder an den tatsächlich nördlichsten Punkt der Insel, welcher auf der Landzunge Knivskjellodden liegt (hin und zurück je ca. 2,5 Stunden). Oder zurück auf dem Festland den wirklich nördlichsten Punkt vom europäischen Festland erwandern. Pro Weg sind das allerdings 24 Kilometer.

DAS NORDKAP-ZERTIFIKAT IST EINE SCHÖNE ERINNERUNG. DIE URKUNDE KANN IM SOUVENIRSHOP DES BESUCHERZENTRUMS ERWORBEN WERDEN. AUCH POSTKARTEN KÖNNEN DORT GEKAUFT UND GLEICH EINGEWORFEN WERDEN – MIT NORDKAP-POSTSTEMPEL.

TIPP

Im Sommer besuchen rund 200 000 Touristen das Nordkap. Es empfiehlt sich von Juni bis Ende August nachts hinzufahren. Hell ist es immer, aber man hat die Chance, diesen magischen Ort in Ruhe und Einsamkeit zu genießen. Im Winter ist der Zugang auch möglich, ein Schneeräumfahrzeug fährt regelmäßig. Diesem folgt man im Konvoi. Wer Tageslicht möchte, sollte ab März anreisen.

Bei Einwasserungs-Stellen kann man oft gut Freistehen (links). Ein kleiner Hügel im Park reicht für eine tolle Aussicht (rechts oben). Durch diesen Gang geht es direkt zum Weihnachtsmann (rechts unten).

19 PALLAS-YLLÄSTUNTURI

Der drittgrößte Nationalpark Finnlands

Hügelige Wälder, viele kleine Seen und Sümpfe, mittendrin zahlreiche Wanderwege, die auch gerne mal von Rentieren benutzt werden – das ist der Pallas-Yllästunturi-Nationalpark. Er liegt weit in Finnisch Lappland, nahe der Grenze zu Schweden. Im ganzjährig geöffneten Besucherzentrum in Pallastunturi findet man auch eine kleine Ausstellung. Wandern, Mountainbiken, Radfahren, Langlaufen, Schneeschuhwandern – hier gibt es in jeder Jahreszeit viel zu erleben.

TIPP

Ab Mai schmilzt der Schnee, junge Rentiere sind überall. Im Sommer gibt es Beeren und Pilze. Im September ist der finnische Indian Summer, im Oktober fällt der erste Schnee. März und April sind perfekt für Wintersport.

20 PALLASJÄRVI-SEE Land der Seen

Finnland hat über 188 000 Seen, an vielen von ihnen findet man Parkplätze zum Übernachten. So beispielsweise auch am Pallasjärvi-See, wo es gleich mehrere schöne Stellen gibt. Ein Abstecher zur Punainenhiekka lohnt sich ebenfalls, denn dort gibt es einen langen Sandstrand sowie eine Feuerstelle samt Hütte direkt am See. Das Jedermannsrecht gilt in keinem Land so weitgehend, wie in Finnland (Seite 41 – Tipp). Wobei das Recht auch eine Pflicht ist, nämlich die, die Natur respektvoll zu behandeln.

TIPP

In den finnischen Gewässern darf man ohne Angelschein angeln, man muss aber eine Fischereiabgabe bezahlen, Ausnahme Eis- und Stipprutenangeln. Die Abgabe kann man online unter www.verkkokauppa.eraluvat.fi/en bezahlen.

21 ROVANIEMI Zu Besuch beim Weihnachtsmann

Der Polarkreis ist der südlichste Ort, an dem die Mitternachtssonne zur Sonnenwende gerade noch zu sehen ist. Es ist der 66. Breitengrad und genau hier in Rovaniemi wohnt der Weihnachtsmann. Mitten durch das ganzjährig geöffnete Weihnachtsdorf führt die magische Linie. Und es gibt noch mehr zu entdecken, nicht nur für die Kleinen. Man kann die Geschichte des Weihnachtsmanns sowie die Traditionen anderer Länder erfahren und die Rentiere oder selbstverständlich den Weihnachtsmann besuchen – das ganze Jahr über!

TIPP

Im Postbüro des Weihnachtsmanns gibt es zwei Briefkästen. Die Post vom einen wird am selben Tag weitergeleitet. Doch alles, was im magischen Weihnachtsbriefkasten landet, versendet der Weihnachtsmann erst kurz vor Weihnachten.

22 OULANKA-NATIONALPARK

Große und kleine Bärenrunde

Nur wenig südlich des Polarkreises und nahe der russischen Grenze liegt der Oulanka-Nationalpark. Stromschnellen der zwei Flüsse Oulankajoki und Kitkajoki prägen das Erscheinungsbild des Nationalparks, der auch für seinen Fernwanderweg Karhunkierros bekannt ist. 70 beziehungsweise 82 Kilometer lang ist dieser bekannte finnische Weitwanderweg, der zum größten Teil durch den Oulanka-Nationalpark führt. Viele schöne kürzere Wanderwege finden sich in den hügeligen Wäldern des Parks ebenfalls. Bezaubernde Ausblicke auf Flusswindungen, spektakuläre Hängebrücken oder die Stromschnellen von Kiutaköngäs machen das Wandern noch lohnenswerter.
Wer in den abgelegenen Regionen weit im Osten des Nationalparks unterwegs ist, sollte unbedingt achtsam nach Grenzmarkierungen schauen. Der Park geht an einigen Stellen nahtlos in Russland über. Illegale Grenzübertritte sind keinesfalls zu empfehlen. Markierungen sind aber überall vorhanden.
Gleich mehrere Besucherzentren im Nationalpark, alle ganzjährig geöffnet, bieten Unterstützung bei der Routenplanung an. Ganz egal, ob kurze oder lange Touren, ob zu Fuß oder auf dem Wasser, ob im Sommer oder im Winter.
Mehrere Campingplätze bieten all jenen, die möchten, gute und saubere Infrastruktur. Der »Oulangan kansallispuiston leirintäalue« liegt mitten im Nationalpark, die Plätze sind im Wald verteilt, eine Strandsauna sorgt für besonderes Finnland-Feeling. Bei Juuma gibt es zwei etwas klassischere Campingplätze am See beziehungsweise ebenfalls im Wald. Öffnungszeiten sollten speziell in den Wintermonaten geprüft werden.

Auf solchen Steinen sonnen sich die Ringelrobben gerne (links). Im Oulanka-Nationalpark locken die kleine oder große Bärenrunde (Mitte), sie führen über zahlreiche Hängebrücken (rechts).

TIPP

Vom Fernwanderweg Karhunkierros (Bärenrunde) gibt es eine kleine Alternative, den Pieni Karhunkierros, die kleine Bärenrunde. Ein zwölf Kilometer langer Rundweg, beginnend beim Besucherzentrum in Juuma. Die Wanderung führt auf Stegen durch Moore, über Hängebrücken, an Felskanten entlang und bietet zum Schluss eine Bademöglichkeit unterhalb der Stromschnellen. Schöne Rastplätze laden zum Picknick oder Hütten sogar zum Übernachten ein, wobei das bei der kurzen Variante nicht nötig ist – vielleicht aber dennoch gewollt.

23 Linnansaari-Nationalpark

Zuhause der Saimaa-Süßwasser-Ringelrobbe

Der Linnansaari-Nationalpark besteht aus über 130 Inseln in einem einzigen See, auf deren Bäumen Seeadler nisten und in dessen Wasser Süßwasser-Robben leben. Ein wahres Labyrinth an Kanälen und Inseln, das am besten vom Wasser aus erkundet wird. Dabei spielt es keine Rolle, ob man im Kanu oder Kajak sitzt, sich mit einem meist hölzernen Boot auf Robben-Safari begibt oder ob man auf dem Stand-Up-Paddle-Board um die Inseln kurvt. Ein einmaliger Archipel, der zur Erhaltung seiner Naturschätze für zukünftige Generationen zum Nationalpark Linnansaari erklärt wurde.

Der Nationalpark umfasst einen Abschnitt von rund 40 Kilometern Länge und 5–10 Kilometern Breite mitten im Saimaa-See. Schroffe steile Felsen ragen aus dem Wasser, auf ihnen erheben sich ein paar verkümmerte Kiefern. Andere Inseln sind dicht bewaldet und bieten einen ganz anderen Anblick. Bei Astuvansalmi finden sich sogar Felsenmalereien. Vor rund 5000 Jahren wurden Motive wie Menschen, Elche oder Handabdrücke am Felsen verewigt. Sehen kann man sie vom Wasser aus. Zahlreiche Einstiegstellen sowie Rastplätze lassen das Paddlerherz höher schlagen. Wasserwanderkarten erhält man online oder bei den Touristeninformationen.

Auch dieser spezielle Abschnitt der Finnischen Seenplatte lässt sich wunderbar im Winter erkunden. Insbesondere die Monate März und April eignen sich, denn dann ist bereits wieder lange Tageslicht vorhanden und die Sonne lässt die Schneedecke zum Glitzerparadies werden. Eisangeln, Schneeschuhtouren, Langlauf, Hundeschlittenfahrten und vieles mehr stehen in der kalten Jahreszeit auf dem Programm.

TIPP

Im Saimaa-See lebt die Saimaa-Süßwasser-Ringelrobbe. Seit der Eiszeit lebt sie in der Gegend. Die Robben sind sehr selten, die Population wird auf weniger als 400 Tiere geschätzt. Es braucht also viel Glück und noch besseres Timing, um sie im Linnansaari-Nationalpark zu sehen. Sie sonnen sich gerne auf den flachen, aus dem See ragenden Steinen. Ein Fernglas ist bei der Robben-Safari unabdingbar, damit man die Tiere nicht stört. Wobei diese auch mal frech neben dem Kanu auftauchen können, um nachzusehen, wer denn da drinsitzt.

Entstanden in der Eiszeit: die Seen der Finnischen Seenplatte.

Ab Savonlinna starten Bootstouren über die Seenplatte.

24 FINNISCHE SEENPLATTE

Finnland, das Land der 1000 Seen

Ein Relikt aus der Eiszeit sind die Seen der Finnischen Seenplatte. Entstanden sind sie durch die große Eisschmelze. Die Seenlandschaft zieht sich von weit im Norden stets an der Grenze zu Russland entlang bis in den Süden hinunter. Nebst unzähligen kleinen Gewässern finden sich auch über 300 Seen, die größer als zehn Quadratkilometer sind. Erkunden kann man das einzigartige Labyrinth aus Seen, Flüssen, Inseln, Kanälen und Wäldern am besten vom Wasser aus. Für Kanu- und Kajak-Nutzer gibt es ein umfangreiches Netz an Wasserwegen. Natürlich finden sich auch Mietstationen für das Material sowie diverse Übernachtungsmöglichkeiten.

Für Adrenalin-Junkies bieten sich die Ruuna-Stromschnellen an. Der 16 Kilometer lange Flussabschnitt Ruunaankoski bietet Wildwasserspaß vom Feinsten. Dazwischen immer wieder gemächlichere Abschnitte. Deutlich ruhiger geht es auf den meisten anderen Seen zu, beispielsweise auf dem Päijänne-See. Der zweitgrößte See Finnlands beheimatet viele Inseln. Nicht nur laden Dutzende Rastplätze auf den Inseln zum Verweilen ein, auch die oft sandigen Ufer und stillen Buchten sind Magnete für Paddler. Von ein paar Stunden dauernden Ausflügen bis zu Mehrtages-Paddelabenteuern ist hier alles möglich

Ein besonderes Juwel der Finnischen Seenplatte ist der Saimaa-See. Bootstouren zur Erkundung des größten Sees des Landes starten beispielsweise in Savonlinna. Zur Wahl stehen die traditionellen Dampfschiffe, deren Touren meist 1,5 Stunden dauern, oder Segeltörns, die hier am Hafen starten.

Wer auch bei tiefen Temperaturen gerne in der Natur draußen ist, der sollte im März oder April zur Finnischen Seenplatte reisen. Dann liegen die Seen unter einer dicken Eisschicht verborgen. So tun sich ganz neue Möglichkeiten auf. Eisfischen beispielsweise, dank dem Jedermannsrecht (siehe Tipp) darf man das ohne Bewilligung oder Gebühr. Und dann natürlich die ganzen anderen Wintersportarten. Schneeschuhpfade führen durch die Wälder und über die Seen. Oder wie wäre es mit einer geführten Motorschlitten-Safari? Beste Ausgangsorte dafür sind Lahti im Süden sowie Vuokatti weiter nördlich. Weitere Möglichkeiten sind Hundeschlitten-Touren, Schlittschuhlaufen, Langlaufen, Ski- und Snowboardfahren und vieles mehr.

FINNLAND ZÄHLT ÜBER 188 000 BINNENSEEN UND NENNT ETWA GLEICH VIELE INSELN SEIN EIGEN. DIE MEISTEN DAVON BEFINDEN SICH AUF DER FINNISCHEN SEENPLATTE.

Die regionalen Touristenbüros helfen gerne bei der Routenplanung – unabhängig, ob für Aktivitäten im Sommer oder im Winter.

TIPP

Wer so in der Natur draußen unterwegs ist, sollte sich über die finnische Anwendung des Jedermannsrechts informieren. Dort werden nicht nur die Möglichkeiten zur Nutzung der Natur erläutert, sondern auch die Pflichten, die diese Rechte mit sich bringen. Gut beschrieben wird das auf www.visitfinland.com/de/artikel/jedermannsrecht.

Rotes Bier und leckere Spezialitäten gibt es im Schießpulverkeller in Tartu.

26 LAHEMAA-NATIONALPARK Erster Nationalpark im Baltikum

Wandern, Schwimmen und Erkunden, danach ein Besuch in einer Kneipe. Hört sich das gut an? Im Lahemaa-Nationalpark finden sich viele Wandermöglichkeiten. Es geht durch Moorlandschaften, durch hübsche kleine Orte oder am Strand entlang. Der Nationalpark ist sehr abwechslungsreich und bietet mit den zahlreichen traditionellen Kneipen auch kulinarische Leckerbissen. Speziell im Süden des Parkgebiets in der Landschaftsschutzzone Kõrvemaa leben Elche, Braunbären, Luchse, Wildschweine und viele andere Wildtiere.

TIPP

Eine besonders schöne Wanderung führt durch das Viru Raba – eine Moorlandschaft, die dank Holzstegen trockenen Fußes erkundet werden kann. Die Rundwanderung geht vorbei am Aussichtsturm, an Schwimmteichen und ehemaligen Torfabbaugebieten.

25 TALLINN Zurück im Mittelalter

Kopfsteinpflaster und eine Stadtmauer, die mit Ziegeldächern die mittelalterlichen Bauten umschließt – Tallinn, die Hauptstadt Estlands, wirkt wie aus fernen Zeiten. Die Altstadt aus dem frühen Mittelalter ist sehr gut erhalten und einige Restaurants sind stilecht eingerichtet. Doch Tallinn ist nicht nur alt, es hat auch moderne Viertel und etwas außerhalb schöne Strände zu bieten. Heute ist Tallinn das kulturelle Zentrum von Estland, die Stadt steht gefühlt nie still. Ein absolut spannender und sehenswerter Ort.

TIPP

Lassen Sie sich Tallinn zeigen wie anno dazumal. Die kostenlose und sehr empfehlenswerte Stadtführung »Tales of Reval« startet freitags bis sonntags um 13 Uhr am Niguliste 2. Kostümierte Guides lassen die Geschichte auf unterhaltsame Art wiederaufleben.

27 TARTU Städtchen mit Flair

In der ältesten Stadt des Baltikums ist auch die älteste nordische Universität zu Hause. Das Zentrum beschränkt sich auf mehr oder weniger zwei Parallelstraßen, doch an diesen ist wahrlich viel Leben. Bunte Häuserfassaden wechseln sich mit Ladenfronten von kleinen Geschäften ab. Restaurants und süße kleine Cafés liegen dazwischen. Die Stadt am Fluss bietet aber auch ein spannendes Nachtleben – eine richtige Universitätsstadt. Tartu hat auf kleiner Fläche schlicht alles, was eine spannende Kleinstadt ausmacht.

TIPP

Lecker und in einmaliger Atmosphäre isst man im Püssirohukelder, dem Schießpulverkeller. Bierliebhaber sollten im rustikalen Lokal das »Püssirohu Punane«, ein rotes Bier, probieren. Suppen sind hier die Spezialität, es gibt aber auch andere estnische Gerichte.

Auf Stegen übers Moor von Viru Raba (oben).
Die Hansestadt Tallinn (unten).

Süße Weine aus den Höhlen von Ligatne.

28 GAUJA-NATIONALPARK

Süßer Wein

Der Gauja-Nationalpark ist der größte und älteste Nationalpark Lettlands. Sandstein, Höhlen, Wälder und der Fluss Gauja formen sein Erscheinungsbild. Schöne Wanderungen zu mächtigen Sandsteinformationen mit Höhlen führen beispielsweise zu den Lici-Langi-Felsen (Līču-Laņģu klintis) oder zu den Ergli-Felsen (Ērgļu klintis). Beide liegen in der Nähe der Stadt Cēsis, die ebenfalls sehenswert ist. Auf der Gauja lässt es sich auch hervorragend paddeln. Ein echtes Kanuwander-Paradies für kurze oder längere Strecken.

TIPP

In Līgatne dienen die Sandsteinhöhlen als Weinkeller. Doch es werden keine klassischen Tropfen gelagert, sondern süße Weine aus den Beeren und Früchten Lettlands. Apfel-, Johannisbeer-, Rhabarber- oder Himbeerwein – sie sind sündhaft lecker. Verkauft werden die Weine direkt aus den Lustūzis genannten Höhlen in Līgatne.

29 JŪRMALA

Strand und Moor

Nur rund 40 Kilometer westlich von der lettischen Hauptstadt Riga entfernt liegt der Kurort Jūrmala. Direkt am rigaischen Meerbusen gelegen, bietet Jūrmala fast 25 Kilometer Sandstrand. Der ist so fest, dass man ihn sogar mit Fahrrädern gut befahren kann. Dahinter stehen die typischen hölzernen Jugendstilvillen. Bereits zu Sowjetzeiten war der Ort ein beliebtes Ausflugsziel, das sieht man gelegentlich noch heute. Wer sich für die Geschichte von Jūrmala interessiert, sollte einen Abstecher ins Stadtmuseum machen.

TIPP

In der Nähe liegt der Ķemeri-Nationalpark, eine riesige Moorlandschaft mit Hunderten kleinen Tümpeln. Über Stege führen die Wanderwege durch diese einmalige Landschaft. Von einem Aussichtsturm aus sieht man weit über die ganze Region. Wer will, packt die Badesachen ein, denn in einem Tümpel kann man schwimmen.

Auch in Lettland kann man das Moor auf Stegen erkunden.

Die unzähligen Kreuze auf dem Berg der Kreuze stehen für genauso viele Wünsche (links). Etwas außerhalb der litauischen Hauptstadt Vilnius liegt die schöne Wasserburg Trakai (rechts).

30 BERG DER KREUZE Heiliger Hügel

Nicht immer konnten die Litauer in der Vergangenheit ihren Glauben frei ausleben. So ist der Berg der Kreuze zu einem Ort der Freiheit, des Glaubens und der Hoffnung geworden. Heute pilgern Menschen aus aller Welt an diesen Wallfahrtsort, um die Energie des Platzes zu spüren. Abertausende Kreuze in allen Größen und Farben wurden schon niedergelegt, auch Rosenkränze und Bilder sind zwischen den Kreuzen platziert.

TIPP

Wünsch dir was! Pilger legen am Hügel ein mitgebrachtes Kreuz ab und wünschen sich etwas. Ganz egal, ob man nun gläubig ist oder nicht, Probieren geht über Studieren – also trau dich und wünsch dir etwas!

31 KAUNAS Alte Hauptstadt

Kaunas vereint barocke und gotische Gebäude mit einer lebendigen Kultur. Die Altstadt der Universitätsstadt erwartet Besucher mit einer Vielzahl an durchgestylten Bars und mehr als 60 Galerien und Museen. Beeindruckend im Zentrum sind die älteste Mauerburg Litauens und das wunderschöne Rathaus. Etwas außerhalb am Kaunasser Meer, einem See, liegt das Kloster Pažaislis. Schöne Wanderwege finden sich in unmittelbarer Nähe.

TIPP

Kaunas ist die europäische Kulturhauptstadt 2022, ein Jahr mit über 1000 Veranstaltungen und Events. Den besten Überblick über die Events gibt es auf www.kaunas2022.eu – und über die Stadt vom Aussichtspunkt Aleksotas.

32 MITTELPUNKT EUROPAS

Purnuškės bei Vilnius

Französische Akademiker haben Europa vermessen und sind zum Schluss gekommen, dass sich rund 30 Kilometer nördlich von Vilnius die Linien Gibraltar–Ural und Nordkap–Kreta kreuzen. Somit liegt beim Dorf Purnuškės der geografische Mittelpunkt Europas. Ein schön gestaltetes Denkmal mit einer Kompassrose markiert den besonderen Punkt. Für jeden Europa-Reisenden ein Highlight und ein tolles Fotomotiv.

TIPP

Wo Europas Grenzen im Uralgebirge liegen, ist nicht ganz klar. Je nachdem, ob man noch Inseln dazuzählt oder nicht, variiert der Mittelpunkt Europas. Es gibt noch weitere Punkte in der Slowakei (Seite 96) und der Ukraine (Seite 104).

33 VILNIUS Hauptstadtflair

Vilnius ist eine spannende und sehenswerte Stadt mit vielen Facetten. Auf einer Free-Walking-Tour erfährt man, warum in Kirchen Basketball gespielt wird, wo es die lokale Spezialität »Zeppeline« frisch zubereitet gibt und was es mit der Republik Užupis auf sich hat. Spannend sind zudem die Markthallen Hales Turgus, ein schönes Panorama gibt es von der Subačiaus Straße aus und auch das Nachtleben kommt hier nicht zu kurz.

TIPP

Wer etwas Zeit mitbringt, kann einen Ausflug zum Wasserschloss Trakai machen oder das Schloss Verkiai im gleichnamigen Naturpark besuchen. An beiden Orten finden sich auch Restaurants und schöne Wanderwege.

ÜBERNACHTEN IN

Skandinavien & Baltikum

Skandinavien gilt als Freistehparadies in Europa und das ist es in den meisten nordischen Ländern auch. Trotzdem gilt es, die Sachlage genau zu prüfen, bevor man sich einfach irgendwohin stellt. Daher schauen wir uns die Situation hier genau an. Die Dänen wollen nichts vom Jedermannsrecht wissen, das freie Übernachten im Wohnmobil ist verboten. Doch gibt es mit einer tollen Stellplatz-App vom DACF-Wohnmobilverband Dänemark oder Pintrip (Mitgliedschaft per Buchkauf erwerben und ein Jahr lang auf Partnerbetrieben jeweils für 24 Stunden kostenlos stehen – wie Landvergnügen in Deutschland) gute Alternativen. Schweden, Norwegen und Finnland kennen das Jedermannsrecht, wobei es eigentlich nur in Finnland auch für den motorisierten Verkehr gilt. Erfahrungsgemäß ist das Freistehen in abgelegenen Gebieten auf Parkplätzen aber in allen drei Ländern kein Problem. Schweden bietet mit »Swede Stops« auch noch eine Plattform wie »Pintrip« an. Estland sticht im Baltikum positiv hervor. Auf den sogenannten RMK-Plätzen darf man offiziell kostenlos übernachten. Man findet sie entweder unter www.loodusegakoos.ee/where-to-go > Campsites oder lädt sich die App herunter.

Schlafen zwischen Skulpturen: Camping Hiie Talu in Estland

Dänemark
Ribe Stadt-Stellplatz
Stampemøllevej 1, 6760 Ribe
55°19'28.7"N 8°45'27.5"E

First Camp Lakolk
Lakolk 2, 6792 Rømø
55°08'44.9"N 8°29'36.0"E

Løkkensvejens Farm Camping
Løkkensvej 875, 9480 Løkken
57°23'22.6"N 9°46'27.6"E

Schweden
Camping Lisebergsbyn
Olbersgatan 9, Gothenburg
57°42'16.8"N 12°01'47.8"E

Vammervikens Camping
Väg 172, Gustavsfors
59°13'22.3"N 12°07'52.0"E

Fjällby Camping
Björkliden, Abisko-Nationalpark
68°24'21.3"N 18°40'57.1"E

Norwegen
Stellplatz Hjelmelandsvågen
Fv644 9, 4130 Hjelmeland
59°14'14.6"N 6°10'44.9"E

Gejranger Camping
Fv63 4, 6216 Geiranger
62°05'59.8"N 7°12'14.7"E

Kirkeporten Camping
Storvannsveien 2, 9763 Skarsvåg
71°06'28.8"N 25°48'46.9"E

Finnland
Privater Waldstellplatz
214 Torassiepintie, Muonio
67°57'08.6"N 23°55'30.1"E

Freistehplätze finden sich in Skandinavien häufig einfach am Wegesrand.

Oulangan kansallispuiston
Liikasenvaarantie 137, Kuusamo
66°22′20.2″N 29°17′29.7″E

Sahanlahti Resort & Camping
Lietvedentie 830, Puumala
61°34′28.5″N 28°08′45.7″E

Estland

Caravanpark Saunapunkt
Nõuma talu, Koidu
59°20′13.8″N 24°35′07.2″E

Camping Hiie Talu
Kahala, Harju maakond
59°28′26.4″N 25°32′43.1″E

Guesthouse at Kure Tourist Farm
Kure tee 4, Rahinge
58°24′21.8″N 26°36′44.7″E

Lettland

Žagarkalns laivas un kempings
Mūrlejas iela 12, Cēsis
57°18′24.5″N 25°13′14.7″E

Restaurant Neptuns – Caravans
Jaunķemeru ceļš 1, Jūrmala
56°58′30.7″N 23°33′26.7″E

Litauen

Sunny Nights Camping
Rygos str. 12a, Gataučiai
56°09′25.3″N 23°32′01.8″E

Camping Kaunas Inn
Raudondvario pl. 161 A, Kaunas
54°54′57.1″N 23°50′00.5″E

Downtown Forest Hostel & Camping
Paupio st 31A, Vilnius
54°40′40.6″N 25°18′07.8″E

Schönheit vor der Haustür:
die Schweiz

ZENTRAL- UND WESTEUROPA

Die Highlights vor der Haustür

So nah und doch so fern – Zentral- und Westeuropa beheimaten unzählige Schätze. Naturschönheiten lassen sich auch im eigenen oder Nachbarland erkunden, spannende Städte ebenfalls. Dschungel in Deutschland, Krabbenfischen mit Pferden in Belgien, Flamingos in Frankreich, mediterranes Klima in Irland, riesige Gletscher in der Schweiz, bunte Pflanzenmeere in den Niederlanden, ein Bücherort in Großbritannien, Wildwasser-Kajaken in Österreich oder Schluchten und Höhlen erkunden in Luxemburg. Und das ist erst der Anfang.

Einige Länder Zentral- und Westeuropas sind sehr camperfreundlich und bieten eine Infrastruktur auf allerhöchstem Niveau, andere hingegen bemerken gerade erst, dass Wohnmobil-Reisende eine interessante Zielgruppe sein können. Alles in allem erwartet Urlauber ein bunter Haufen an Ländern mit unterschiedlichen Kulturen sowie Traditionen auf verhältnismäßig kleinem Raum. Willkommen in Zentral- und Westeuropa!

INFOS

Deutschland
Euro (EUR)
keine Maut
www.germany.travel/de
Freies Campen: eingeschränkt erlaubt

Niederlande
Euro (EUR)
keine Maut, teilweise Tunnelgebühr
www.niederlande.de
Freies Campen: nicht erlaubt (selten toleriert)

Belgien
Euro (EUR)
keine Maut, Ausnahme Liefkenshoek-Tunnel
www.visitflanders.de
Freies Campen: eingeschränkt erlaubt

Luxemburg
Euro (EUR)
keine Maut
www.luxembourg-city.com/de
Freies Campen: nicht erlaubt (selten toleriert)

Frankreich
Euro (EUR)
Autobahnmaut, teilweise Brücken-/Tunnelmaut
www.at.france.fr/de
Freies Campen: eingeschränkt erlaubt

Großbritannien
Britisches Pfund (GBP)
selten Autobahn-/Tunnel-/Brücken-/Citymaut
www.visitbritain.com
Freies Campen: eingeschränkt erlaubt

Irland
Euro (EUR)
Autobahnmaut
www.ireland.com
Freies Campen: eingeschränkt erlaubt

Schweiz
Schweizer Franken (CHF)
Vignette für Autobahn, teilweise Tunnelmaut
www.myswitzerland.com/de
Freies Campen: eingeschränkt erlaubt

Österreich
Euro (EUR)
Vignette für Autobahn, teilweise Tunnelmaut
www.austria.info/de
Freies Campen: eingeschränkt erlaubt

34 CHIEMSEE Frauen- und Herreninsel

»Bayrisches Meer« wird der Chiemsee von den Einheimischen liebevoll genannt. Der Grund dafür ist die große Wasserfläche, die je nach Winkel des Betrachters endlos erscheint. Der See und sein Ufer sind ein wahres Erholungs- und Freizeitparadies. Nicht nur Wassersport lässt sich auf und im See machen, er kann auch per Fahrrad umrundet werden (Königsrunde, ca. 55 Kilometer) oder man geht es bei einer Schifffahrt etwas ruhiger an. Gleich mehrere Inseln liegen im westlichen Teil des Chiemsees und bieten kulturell sowie kulinarisch einiges. Die Fraueninsel besticht mit ihren schönen Häusern, den bezaubernden Gärten und nicht selten den darin versteckten Biergärten, wo es regional geräucherte Renken sowie andere Leckereien zu essen gibt. Nach einem kurzen Verdauungsspaziergang steigt man wieder an Bord und lässt sich zur Herreninsel fahren. Die deutlich größere Insel ist ziemlich bewachsen. Wälder, Wiesen und ein riesiger Schlossgarten lassen Botanikerherzen höher schlagen. Einen Spaziergang oder eine Kutschfahrt später steht man vor dem imposanten neuen Schloss Herrenchiemsee. Bei einer Führung durch die Räumlichkeiten wird den Besuchern deutlich vor Augen geführt, dass sich Ludwig II. hier ein kleines Schloss Versailles erbauen ließ.

Natürlich kann man auch sein Reisemobil direkt am See abstellen. Beispielsweise der Panorama Camping Harras in Prien am Chiemsee hat Parzellen mit Seeanschluss. Zum Sonnenuntergang laden die Beachbars in Übersee zu einem Drink ein.

Die Wendelsteinkirche ist das Wahrzeichen vom Wendelstein (links). Der Sonnenuntergang-Spot am Chiemsee: die Beachbar in Übersee (Miite). Das schöne Konstanz direkt am Bodensee mit Blick in die Berge (rechts).

TIPP

Wer den Chiemsee in all seinen Facetten erkundet hat, für den lohnt sich die Fahrt zum Wendelstein. Wer dabei etwas erleben will, nimmt nicht die Luftseilbahn auf die Spitze, sondern die Zahnradbahn. Neben der Bayerischen Zugspitzbahn, der Drachenfelsbahn und der Zahnradbahn Stuttgart ist die Wendelsteinbahn nämlich eine von nur noch vier betriebenen Zahnradbahnen in Deutschland. Sie steht unter Denkmalschutz und überwindet 1217 Meter auf der Fahrt nach ganz oben. Der Talbahnhof befindet sich in Brannenburg an der Sudelfeldstraße 106.

35 KONSTANZ Perle am Bodensee

Die historische Altstadt mit ihren malerischen Gässchen lädt zum gemütlichen Einkaufsbummel ein, der Hafen mit südlichem Flair und atemberaubender See- und Alpenkulisse zum Flanieren und die Gastronomie zum grenzenlosen Genießen. Konstanz, die größte Stadt und das pulsierende Zentrum der Vierländerregion Bodensee, sprüht vor Leben – egal ob im Winter oder Sommer. Um sich einen guten Überblick über die Perle am Bodensee zu verschaffen und sich zu orientieren, lohnt sich der Aufstieg auf das Münster. Für nur zwei Euro genießt man einen fantastischen Blick über die Stadt bis hin zu den Alpen. Wieder unten angekommen, sind die Möglichkeiten schier unendlich. Ein Café am Hafen? Ein Besuch im Sea Life oder im Rosgartenmuseum? Alles ist möglich. Daher lohnt es sich durchaus, gleich mehrere Tage in der Stadt zu verbringen. Auch weil von hier die Fähre nach Meersburg oder auf die Insel Mainau ablegt, wo man gut jeweils noch einen weiteren Tag verbringen kann. Gerade die Blumeninsel Mainau ist einen Besuch wert. Das Frühjahr startet mit rund einer Millionen Tulpen und anderen Frühlingsblumen, Hunderte Rhododendren und duftende Rosen versüßen den Sommer. Über 11 000 farbenfrohe Dahlien machen den Herbst auf der Insel unvergesslich und in der kalten Jahreszeit verwandelt sich die Blumeninsel in einen magischen Wintergarten. Konstanz ist mehr als nur Shopping. Konstanz lebt von Kultur, Geschichte, internationaler Küche und natürlich dem Bodensee. Wer einmal da war, möchte immer wieder hin.

TIPP

Etwas außerhalb des Zentrums liegt die Bodensee-Therme Konstanz. Wie der Name verrät, liegt der Wohlfühlort direkt am See. Die Panorama-Sauna, eine von sechs Saunas, trägt ihren Namen zu Recht: Von den oberen Sitzbänken aus kann man den Blick über die unendlich erscheinende Wasserfläche des Bodensees bis in die Alpen schweifen lassen. Erholt kann man nach dem Thermenbesuch in das Wohnmobil stolpern, welches man auf den offiziellen Wohnmobil-Parkplätzen in der Straße »Zur Torkel« auch über Nacht parken darf (rechte Seite, gemäß Beschilderung).

Im Spätsommer leuchtet die Lüneburger Heide zartlila.

37 DRACHENSCHLUCHT

Dschungel-Wanderung

Bei Eisenach mitten in Deutschland befindet sich das Eingangstor zur Drachenschlucht. Nach wenigen Hundert Metern durch den Wald beginnt schon die erste Enge. Der Fels rückt zu beiden Seiten näher an den Weg heran, die Schultern berühren fast die moosbewachsenen Felswände. Unter dem Steg zwängt sich der Bach durch die Schlucht. Farne recken ihre Blätter der Sonne entgegen. Ein wahrer Märchenwald! Zwischen den einzelnen Engpässen führt der Weg durch die wunderschöne Klamm stetig aufwärts. Eine großartige rund 3,5 Kilometer lange Wanderung.

TIPP

Ebenfalls in Eisenach befindet sich die stattliche Wartburg. Eine beeindruckende Festungsanlage auf 411 Höhenmetern. Geht man nach der Drachenschlucht zur Hohen Sonne, so ist ein Abzweiger zur Wartburg möglich und die Besichtigung mit der Wanderung vereinbar.

36 LÜNEBURGER HEIDE

Ein lila Naturschauspiel

Weite Ebenen, wenige Bäume, mit Reet (Schilf) gedeckte Häuser und natürlich mit lila Heidekraut überzogene Landschaften. Genau so trifft man die Lüneburger Heide im August und frühen September an. Aber auch das restliche Jahr über ist sie ein ausgezeichnetes Reiseziel, nur ohne lila Blütenmeer. Touren können beispielsweise in Undeloh gestartet werden. Wer die Heide nicht zu Fuß oder per Rad erkunden will, kann hier auch auf Kutschen umsteigen. Wilsede und der Wilseder Berg als Aussichtsort sind lohnende Ziele.

TIPP

Das Büsebachtal mit dem Café Schafstall ist längst kein Geheimtipp mehr. Wer es ruhiger mag, sollte in die Fischbeker Heide fahren. Das wunderschöne Tal wird von Hügelzügen eingekesselt, von denen aus man herrliche Blicke über die bezaubernde Landschaft hat.

38 SPREEWALD

Wasserlabyrinth

Ein mystischer Schatz verbirgt sich in den Wäldern Brandenburgs: der Spreewald. Erlebt werden kann er am traditionellsten mit einer Kahnfahrt. Ganzjährig laden die Kapitäne in ihre gemütlichen Boote ein und schippern die Gäste motorlos durch das Kanallabyrinth. Nacht-, Musik-, Krimi- oder Glühweinfahrten, ja sogar Weihnachtsmarkt-Taxifahrten – es gibt immer und für jeden die passende Kahntour. Wandern, Radfahren und kulinarische Reisen sind natürlich ebenso möglich und auch die bezaubernden Örtchen wie Lübbenau oder Burg wollen erkundet werden.

TIPP

Die eingelegten Spreewald-Gurken sollte man unbedingt probiert. Ob auf der Gurkenmeile am Lübbenauer Hafen oder während einer Kahnfahrt im Gurken-Drive-in, sie sind überall – auch im Brot oder im Gurken-Radler. Eine weitere Spezialität der Region ist Leinöl.

Drachenschlucht (oben)
Spreewald (unten)

Das Rathaus von Middelburg (oben), Utrecht (unten)

39 MIDDELBURG Hauptstadt Zeelands

Mit 1200 denkmalgeschützten und meist wunderschön renovierten Gebäuden ist Middelburg eine sehr sehenswerte Stadt, welche gut zu Fuß erkundet werden kann. Auf Schritt und Tritt erlebt man hier die Geschichte der früheren Handelsstadt und der heutigen Hauptstadt Zeelands. Zu den Highlights gehört nebst dem donnerstäglichen Wochenmarkt auch das spätgotische Rathaus, welches eines der schönsten Gebäude Hollands ist.

TIPP

Wer die 207 Treppenstufen des Abteiturmes »Lange Jan« erklimmt, wird auf 90 Metern Höhe bei schönem Wetter mit einer fantastischen Aussicht über die Halbinsel Walcheren und die Altstadt belohnt.

Rund um Lisse befinden sich die bunten Tulpenfelder.

40 TULPENBLÜTE IN LISSE

Farbenfrohe Blumenfelder

Es ist ein Schauspiel, welches jedes Jahr Tausende in seinen Bann zieht: Die Tulpenblüte in der kleinen Gemeinde Lisse. In den schönsten Farben blühen die Blumen im Frühling auf den riesigen Feldern in und um die Stadt. Ein Besuch des Keukenhofs ist dabei nicht einmal nötig, es reicht ein Stopp am Straßenrand, um in dieses gigantische Farbenparadies aus rund sieben Millionen Tulpenzwiebeln einzutauchen.

TIPP

Die beste Reisezeit ist Mitte März bis Ende April. Je nach Wetter und Temperaturen kann sich die Tulpenblüte aber leicht verschieben. Wer in den letzten Jahren Mitte April angereist ist, wurde nie enttäuscht.

41 UTRECHT Klein-Amsterdam

Du hast Amsterdam und Rotterdam schon besucht oder bist lieber in kleineren Städten unterwegs? Dann ab nach Utrecht. Die Stadt ist klein genug, um sie zu Fuß zu erkunden, bietet aber so viel, dass man mehrere Tage bleiben kann. Zahlreiche Grachten ziehen sich durch das verkehrsberuhigte Zentrum, welches um den Dom herum gebaut wurde. Märkte, idyllische Straßenzüge, Cafés und Restaurants direkt am Wasser – Utrecht lohnt!

TIPP

Südlich der Stadt fließt der Fluss Lek. An ihm finden sich zahlreiche offizielle Stellplätze direkt am Wasser – Schiffegucken inklusive: beispielsweise in Tienhoven, Culemborg oder in Duurstede.

42 DE-BIESBOSCH-NATIONALPARK Zu Fuß oder per Boot

Südöstlich von Rotterdam, gelegen im Delta mehrerer Flüsse, befindet sich der De-Biesbosch-Nationalpark. Viele kleine Inseln, Flüsse und Kanäle sowie Seen zeichnen die Landschaft aus. Erkunden kann man den Nationalpark auf zahlreichen schönen Wanderwegen oder per Kanu/Kajak vom Wasser aus. Auch ein Abstecher nach Woudrichem empfiehlt sich. Es gehört zu den schönsten Orten der Niederlande.

TIPP

Wer naturnahe Übernachtungsplätze mag, ist auf dem Naturcamping De Knotwilg genau richtig. Die Plätze liegen an einem kleinen See im Nationalpark zwischen Bäumen und Buschwerk. Drumherum ist nur Natur.

43 KRABBENFISCHEN

Fangglück dank Pferdestärken

Pferdefreunde und Meeresfrüchteliebhaber aufgepasst: In Oostduinkerke werden Krabben noch vom Pferd aus gefangen. Diese mittlerweile einmalige Tradition findet immer bei Niedrigwasser statt. Erst hört man das dumpfe Donnern der Hufe auf dem Asphalt, gelangen die Pferde auf den Strand, wird es still, doch der Boden bebt unter den schweren Hufen. Die kräftigen Kaltblutpferde stapfen mitsamt ihren Reitern ins Meer. Sind sie etwa brusthoch im Wasser, gehen sie parallel zum Strand und ziehen Fangnetze hinter sich her. Im Anschluss werden die Krabben am Strand frisch zubereitet und man kann sie gegen einen kleinen Obolus genießen. Frischer und leckerer geht nicht! Wann das mittlerweile zum UNESCO-Kulturgut zählende Krabbenfischen jeweils stattfindet, erfährt man unter www.paardevissers.be > Kalender.

TIPP

Nicht an allen Terminen findet auch das Krabbenkochen mit Verkostung statt. In Oostduinkerke gibt es nicht viele Parkplätze, frühzeitiges Erscheinen lohnt sich daher. Unbedingt Gummistiefel anziehen. Wer bis ganz nach vorne will, muss durch das sandige, mit Tümpeln durchzogene Watt.

Krabbenfischen hoch zu Pferd – eine einmalige Tradition in Belgien

Mitten auf dem Grote Markt thronen die Tuchhallen samt Belfried von Ypern.

45 DINANT Schönheit am Fluss

Ein wunderschönes Kleinod, das zwischen Felsen eingekesselt an den Ufern der Maas liegt. Dinant besticht mit seinen bezaubernden Häuserfronten, mittendrin die faszinierende Notre-Dame de Dinant. Der kleine Ort hat viel zu bieten. Der Erfinder des Saxofons wurde hier geboren, das interaktive Museum im Adolphe-Sax-Haus erzählt die Geschichte dazu. Das Leffe-Biermuseum kann mit Verkostung besichtigt werden und die Grotte de Dinant La Merveilleuse bietet spannende Einblicke in die Unterwelt Dinants.

TIPP

Stolz thront die 200-jährige Zitadelle auf ihrem Felsen über Dinant. Eine Seilbahn oder 408 Stufen verbindet sie mit dem Ort. Sie gehört zu den schönsten Festungsanlagen Belgiens und kann besichtigt werden. Der Blick auf Dinant ist spektakulär.

44 HOHES VENN Paradies im Moor

Im Osten von Belgien befindet sich die Hochmoorlandschaft des Hohen Venns. Viele Wanderwege im ältesten Naturschutzgebiet der Wallonie sind mit Holzstegen ausgelegt, damit die Natur geschont wird und die Besucher trockenen Fußes das wohl berühmteste Naturreservat Belgiens erkunden können. Das Hohe Venn, welches auch den höchsten Punkt Belgiens markiert, stellt eine der urwüchsigsten Landschaften in ganz Europa dar und überrascht, da man als Belgien-Neuling so eine Landschaft nicht erwarten würde.

TIPP

Eine besonders schöne Region ist die Noir Flohay. An der Straße »Route de Botrange« gibt es einen Panorama-Aussichtspunkt mit einem Parkplatz auf der anderen Straßenseite. Ab hier kann dem Rundweg für eine rund 13 Kilometer lange Wanderung gefolgt werden.

46 YPERN Unzerstörbar schön

Nach viel Zerstörung während der beiden Weltkriege schaut Ypern in eine rosigere Zukunft. Noch immer dreht sich bei einer Stadtbesichtigung viel um die Vergangenheit. Ein Kriegsdenkmal, die alte Festung sowie Schützengräben können besichtigt werden. Doch vor allem die Städtischen Schätze laden zum Besuch ein, etwa das gotische Gebäude der Tuchhallen mit dem integrierten Belfried und seinem faszinierenden Glockenspiel. Allgemein ist ein Spaziergang durch die Altstadt mit ihren gotischen Gebäuden sehr schön.

TIPP

Eine Stadt mit so viel Geschichte besichtigt man am besten mit einem Stadtführer. Alternativ gibt es bei der Touristeninformation am »Grote Markt« einen Prospekt mit einem Stadtrundgang mit viel Hintergrundwissen zu den Orten, den man auch allein unternehmen kann.

Hohes Venn (oben), Dinant und seine Zitadelle (unten)

Verwunschene Wege führen durch das Müllerthal.

47 MÜLLERTHAL Luxemburger Schweiz

Auch das kleine Luxemburg versteckt große Schätze. Im Müllerthal, auch die kleine Luxemburger Schweiz genannt, sind das beeindruckende Naturschätze. Bizarre Felsformationen lassen sich mitten im Wald bestaunen. Teilweise führen Wege in schmalen Spalten durch die Felsen, manchmal stößt man sogar auf Höhlen. Beispielsweise die Räuberhöhle ist so eine, welche auf der Route des Wanderweges »B2« liegt. Aber nicht nur Felsen, auch Schluchten ziehen sich durch die Landschaft. Dabei ergeben sich spektakuläre Aussichten. Immer wieder finden sich am Wegesrand zudem schöne Rastplätze mit Tischen, Bänken und Feuerstellen. Es lohnt sich daher, ein Picknick einzupacken.

Ein Netz aus gut angelegten Wanderwegen führt durch das Müllerthal, beispielsweise der Weg »E1«. Hier erwarten einen gleich mehrere Highlights. Der Weg beginnt an der Basilika von Echternach, führt durch die teils sehr enge Wollefsschlucht bis hinauf zum Aussichtspunkt »Paulsplatte«. Weiter geht es auf malerischen Wegen durch das Aesbaachtal bis zur Höhle Huel Lee. Und das sind nur einige der Sensationen auf dem 13 Kilometer langen Rundweg. Aber auch Fernwanderfreunde kommen auf ihre Kosten. Der Mullerthal-Trail führt auf rund 112 Kilometern durch die schönsten Regionen des Müllerthals, durch beengende Schluchten und vorbei an faszinierenden Felsformationen. Der Weg wurde sogar mit dem Label »Leading Quality Trails – Best of Europe« ausgezeichnet.

TIPP

Wer keine Wanderwege mehr sehen kann oder will, dem sagt eine Schlossbesichtigung vielleicht gerade mehr zu. Das Schloss Vianden ist sehr zu empfehlen. Der Fernsehsender CNN führt die mittelalterliche Burganlage zu Recht als eines der schönsten 21 Schlösser der Welt auf. Auf einem Hügel über dem gleichnamigen Ort thront die majestätische Höhenburg, die auch besichtigt werden kann. Die ganze Pracht von Schloss Vianden sieht man am besten vom Parkplatz am Befreiungsdenkmal Vianden (Parking du Mémorial de la libération de Vianden) aus.

Eindrucksvoll: der Mariendom in der Stadt Luxemburg

48 LUXEMBURG Stadt der Schluchten

Ein ganz eigenes Erscheinungsbild hat die Stadt Luxemburg. Gleich zwei tiefe Schluchten ziehen sich durch das Stadtzentrum. Darin fließen die zwei Flüsse Alzette und Pétrusse, die die Stadt nebst den Höhenunterschieden nochmals unterteilen. Warum die kleine Hauptstadt auch »Stadt der Brücken« genannt wird, ist schnell klar. Besonders beeindruckende Exemplare sind der Viadukt Pulvermühle, der Clausen-Viadukt sowie der Pfaffenthalviadukt. Aber auch die Adolphe-Brücke, bei der oben die Fahrzeuge und darunter Fußgänger und Radfahrer das Flussufer wechseln, ist sehenswert.

Im Großherzogtum Luxemburg gibt es natürlich auch einen Großherzog. Der Großherzogliche Palast in der Altstadt ist die Stadtresidenz der großherzoglichen Familie und bewohnt. Besichtigungen werden daher nur geführt und im Sommer angeboten.

Wie in zahlreichen anderen Städten auch gibt es von der UNESCO einen Rundgang durch Luxemburg. Rund 90 Minuten braucht man für die Route und kommt dabei an den wichtigsten Orten und Sehenswürdigkeiten vorbei. Dazu gibt es gleich noch Hintergrundinformationen zu den jeweiligen Plätzen. Auf www.visitluxembourg.com kann man den Führer herunterladen; man findet ihn, wenn man im Suchfeld »UNESCO-Rundgang« eingibt.

Ein besonderer Spaziergang führt am Chemin de la Corniche entlang. Er wird auch »der schönste Balkon Europas« genannt. Der Weg startet auf dem Bockfelsen und führt entlang des Festungswalls, gleich daneben geht es tief hinunter in die Schlucht. Die Aussicht über die Alzette auf den unteren Teil von Luxemburg, den Stadtteil Grund, ist fantastisch.

TIPP

Bei einem Stadtrundgang durch Luxemburg darf ein Besuch der Kasematten nicht fehlen. Dies sind unterirdische Höhlen und Gänge, die zu Verteidigungszwecken in die Felsen der Stadt geschlagen wurden – ein Tunnellabyrinth von über 23 Kilometern Länge. Heute sind noch die Bock- und Petrusskasematten für Besucher geöffnet. Beide gehören zum UNESCO-Weltkulturerbe. Immer wieder ergeben sich während des Rundgangs spektakuläre Ausblicke über den Fluss Alzette hinweg in den Stadtteil Grund mit der schönen Abtei Neumünster.

Boote in den kleinen Kanälen von Port Grimaud (links). Zu jeder Jahreszeit einen Besuch wert: die Gorge du Verdon (rechts oben). Flamingos in der Camargue (rechts unten).

49 GORGE DU VERDON

Eine der schönsten Schluchten Europas

Etwas im Hinterland von Nizza, umgeben von Bergen und eingebettet in die Natur, liegt die Gorge du Verdon – auch bekannt als der Grand Canyon Europas. Tief in der Schlucht gräbt sich der Fluss Verdon durch den Felsen. Im Sommer kann er vom Stausee aus auf dem SUP-Board, mit Kanu oder Kajak bepaddelt werden. Aussichtsplattformen beidseitig der Schlucht lassen Besucher die einmalige Szenerie von oben bestaunen. Hier leben übrigens Gänsegeier. Die Riesen entdeckt man besonders gut, wenn sie in der Luft sind.

TIPP

Ab La Palud-sur-Verdon führt die Straße D23 als Rundweg zur Schlucht. Sie bietet spektakuläre Aussichten und einige Parkmöglichkeiten. Aber Achtung: Sie ist nur im Uhrzeigersinn durchgehend befahrbar.

50 PORT GRIMAUD

Ruhiges St. Tropez

Port Grimaud ist das kleine Venedig Südfrankreichs. Im Golf von St. Tropez liegt das Örtchen, welches Hunderte Jahre alt anmutet, das es aber erst seit rund 60 Jahren gibt. Vor gar nicht so langer Zeit befand sich hier also eine morastige Uferzone, heute präsentiert sich Port Grimaud als ein wunderschönes Wasserdorf mit zahlreichen Brücken und Kanälen. In deren Labyrinth finden sich pastellfarbene Fischerhäuser, Palmen, Pinien, Oleanderbüsche und sehr viele Boote. Natürlich gibt es auch gute Restaurants, teilweise direkt am Wasser gelegen.

TIPP

Mehr Rummel gefällig? St. Tropez ist nur zwölf Kilometer entfernt – am besten per Fahrrad am meist dichten Stau vorbeiradeln. Lieber ab in die Natur? Dann ist die Wanderung zum Cap Lardier von der Plage de Gigaro aus empfehlenswert.

51 NATURPARK CAMARGUE

Pferde, Stiere und Flamingos

Die Camargue ist bekannt für ihre weißen Pferde, die schwarzen Stiere und die rosafarbenen Flamingos. Im Flussdelta der Rhone befindet sich diese artenreiche Schwemmlandebene mit ihren unzähligen Kanälen, Flüssen und Seen. Erkunden kann man die bezaubernde Landschaft mit dem Wohnmobil, dem Fahrrad oder auch zu Fuß. Die Region ist sehr weitläufig. Ganz am Meer vorne wird Salz in riesigen Salzfeldern gewonnen. Insbesondere dort lassen sich oft Flamingos beobachten – Fernglas mitnehmen.

TIPP

Der Parc Ornithologique bietet für eine kleine Gebühr gut ausgebaute Wanderwege durch eine interessante Zone des Naturparks Camargue. Flamingos, Reiher und diverse andere Vögel können beobachtet werden – in Freiheit!

Die Gassen Riquewihrs werden von bezaubernden Häuschen flaniert (links). Die Bretagne ist wild, abwechslungsreich und wunderschön (rechts).

52 ELSASS Klein, fein, lecker

Bekannt als exzellente Weinregion, für bezaubernde mittelalterliche Orte, feinste kulinarische Spezialitäten und als die Region Frankreichs, in der man ganz einfach noch Deutsch sprechen kann. Das Elsass grenzt an Deutschland und die Schweiz, wird durch den Grenzfluss Rhein geprägt und schmiegt sich über sanfte Hügel bis auf Bergspitzen hinauf. Es ist eine kleine Region, die aber viel Abwechslung im Erscheinungsbild und den Möglichkeiten bietet.

Im Elsass gibt es diverse Strecken, die sich auch mit dem Wohnmobil sehr lohnen. Da wäre beispielsweise die Elsässer Weinstraße – eine Route durch die schönsten Weinanbaugebiete mit der Möglichkeit, immer wieder bei Winzern zu übernachten. Idealerweise nimmt man sich rund eine Woche Zeit für die 172 Kilometer lange Strecke von Wissembourg (nahe Straßburg) bis Thann (nahe Mülhausen). Oder die Vogesenkammstraße, die Cernay mit Sainte-Marie-aux-Mines auf rund 73 Kilometern Länge verbindet und dabei durch wunderschöne Berglandschaften mit einmaligen Ausblicken führt.

Nicht nur wegen der Natur ist das Elsass eine Reise wert, es beheimatet auch bezaubernde Städte. Angefangen bei der Hauptstadt Straßburg, deren historisches Zentrum auf der Grande Île allein eine Reise wert ist. Weiter geht es mit kleineren Orten, die in ihrer Fachwerkhäuserdichte den großen Städten in nichts nachstehen, etwa Kaysersberg, Riquewihr oder Eguisheim. Aber auch Colmar ist eine Stadt zum Verlieben.

TIPP

Speziell zur Weihnachtszeit verwandelt sich das Elsass in eine wahre Märchenlandschaft. Jede Stadt hat eigene Weihnachtsmärkte, in den Altstädten leuchten Millionen von Lichtern, Glühweinstände verströmen weihnachtlichen Duft – es ist unbeschreiblich schön. Die meisten Orte haben eigene Stellplätze, die ganzjährig geöffnet sind. Es bietet sich eine Rundreise an. Nicht fehlen dürfen dabei die Orte Ribeauvillé und Riquewihr. Schon ohne den Weihnachtszauber sind sie schön, doch in der Adventszeit absolut zauberhaft.

Frankreich ist ein Campertraum. Fast jeder Ort verfügt über einen Stellplatz. Am bequemsten findet man sie in der App Park4Night.

53 Bretagne Wilde Schönheit

Rosa Granitfelsen, zerklüftete Küsten, malerische Orte, Wälder und leckeres Essen – das alles bietet die Bretagne. Eine wilde Region, die abwechslungsreicher kaum sein könnte.
Das Meer prägt die Bretagne und unzählige Plätze, die ihre Besucher nur so staunen lassen, finden sich entlang der Küste. Auch wenn der Atlantik hier nie besonders warm wird, lohnt sich ein Abstecher zu einer oder mehreren der einmaligen Buchten mit weißen Stränden und türkisfarbenem Meer. Die Halbinsel Crozon bietet zahlreiche Strände, rund um Camaret-sur-Mer sind häufiger Felsklippen anzutreffen, dicht überzogen mit Heidekraut. Auch auf der sehr besiedelten Halbinsel Quiberon gibt es schöne feinsandige Strände und Wanderwege. Kiefernwälder, rosa Sandsteinfelsen, Heidelandschaften, tolle Strände und spannende Dörfer gibt es beim Cap d'Erquy und dem Cap Fréhel zu entdecken. Und der Klassiker schlechthin ist die Rosa-Granit-Küste nördlich von Lannion. Der Fernwanderweg GR34 führt an den schönsten Stellen vorbei und kann natürlich auch nur etappenweise gewandert werden.
Auch die Ortschaften laden zu einem Besuch ein. Nebst kleinen Perlen wie Dinan oder Pont-Aven gibt es in den größeren Städten viel Spannendes und beeindruckende Architektur zu entdecken. Beispielsweise in Quimper, einem Traum aus Fachwerk- und Erkerhäusern. Vannes trumpft mit seinem Jachthafen, der Festungsanlage sowie dem mittelalterlichen Stadtkern auf. Außerdem sehenswert sind das noble Nantes, die lebhafte Universitätsstadt Rennes oder der Klassiker Saint-Malo.

Tipp

Kulinarisch hat die Bretagne richtig viel zu bieten. Zu fast jeder Gelegenheit wird Cidre (Apfelwein) getrunken. Trauben wachsen hier schlecht, Apfelbäume dagegen gut. Unterschieden wird zwischen dem fruchtig-süßlichen »Cidre doux« und dem herb-trockenen »Cidre brut«. Die Anbindung ans Meer bringt viele Meeresfrüchte auf den Teller. Bretonischer Hummer, Jakobsmuscheln, aber auch Austern werden fangfrisch serviert. Manchmal sogar in einer Galette, der herzhaften Ausführung der hier ebenfalls erhältlichen süß belegten Crêpe.

Der Küstenweg führt auch am Durdle Door vorbei.

54 JURASSIC COAST

Bezaubernde weiße Klippen

Die Jurassic Coast im Süden Englands ist und war nicht die Heimat von Dinosauriern. Der Name ist geologischen Funden geschuldet. Hobby-Archäologen dürfen an einigen Stellen sogar selbst nach Fossilien suchen. Alle anderen können die wunderschöne Landschaft mit den schroffen Felsen, den weißen Sandstränden, den grün bewachsenen Hügeln und dem in verschiedenen Blautönen schimmerndem Meer bewundern. Beispielsweise auf dem South West Coast Path, der der 150 Kilometer langen Jura-Küste folgt, lässt es sich hervorragend wandern. Dabei kommt man an den roten Klippen des Dorfs Budleigh Salterton vorbei, wo sich das Meer bei starkem Wellengang rot verfärbt. Bei Ebbe ist der Fossilwald bei Lulworth begehbar. Weitere empfehlenswerte Ziele sind der Felsbogen Durdle Door und der Aussichtsturm Jurassic Skyline bei Weymouth.

TIPP

Schon mal etwas von »BritStops« gehört? Wer sich das aktuelle, ein Jahr gültige Buch kauft, kann bei den teilnehmenden Partnern jeweils für eine Nacht kostenlos übernachten. So steht man bei Bauern, Winzern, Pubs, Touristeninformationen und weiteren Betrieben. Einfach mal reinschauen unter www.britstops.com.

Birling Gap (oben), Ponys im Exmoor-Nationalpark (unten)

55 HAY-ON-WYE Paradies für Leseratten

Ein Ort als Freilichtbibliothek und XXL-Bücherladen – Hay-on-Wye ist der erste und größte Bücherort der Welt. Über 40 Buchhandlungen befinden sich hier. In Cafés, Modeboutiquen, Antiquitätengeschäften, ja selbst in der Kirche können Bücher gekauft werden. Das Dorf selbst ist sehr hübsch und für Bücherwürmer wirklich ein Traum. Neue, alte, geliebte, actiongeladene, romantische oder informative Bücher – hier gibt es sie alle.

TIPP

Jeden Donnerstag findet von 8 Uhr bis in den Nachmittag hinein der Wochenmarkt im Zentrum von Hay-on-Wye statt. Da gibt es alltäglichere Dinge wie Lebensmittel von regionalen Farmern zu kaufen, aber natürlich auch Bücher.

Bücher, so weit das Auge reicht: in Hay-on-Wye

56 GOWER PENINSULA

Naturspektakel

Enge, kleine Straßen zwischen meterhohen Hecken führen auf die Gower Peninsula. Die Halbinsel bietet mehrere spektakuläre Naturlandschaften. Eine ist die Three Cliff Bay. Die dreispitzige Felsenkette schiebt sich durch den Sandstrand bis ins Meer. In Rhossili liegt der Worms Head. Als Halbinsel ins Meer hinaus schlängelt sich die Klippe, eine Insel ist vorgelagert und sieht wie der Kopf des Wurmes aus.

TIPP

Am Worms Head befindet sich das gleichnamige Pub, das nebst frischen und leckeren Fish & Chips auch andere typische Gerichte auf der Karte hat. Der Ausblick von dort in die Bucht hinunter ist spektakulär.

57 EXMOOR-NATIONALPARK

Ponys im Moor

Wilde Heide auf einer hügeligen Moorlandschaft, mittenhindurch fließt der Fluss Exe, der dem Exmoor-Nationalpark seinen Namen gibt. Im Norden begrenzt die Küste mit rauen Klippen den Nationalpark. Otter, Hirsche oder Vögel: Der Park besitzt eine reiche Wildtierwelt. Doch noch bekannter sind wohl die halbwilden Exmoor-Ponys, die vom Frühjahr bis in den Herbst frei in den Hügeln des Exmoors leben.

TIPP

Wanderer erkunden den Exmoor-Nationalpark zum Beispiel auf dem South West Coast Path. Für Reiter gibt es über 480 Kilometer öffentliche Reitwege. Ausritte können beim Exmoor Pony Center gebucht werden.

58 SEVEN SISTERS Weiße Klippen

Weiße Klippen aus Kreidefelsen prägen die Küste zwischen Eastbourne und Seaford im Süden Englands. Hier stehen auch die Sieben Schwestern, bei denen es sich um nebeneinander liegende Kuppen mit Senken dazwischen handelt. Wanderer können an der Küste entlanggehen. So kommen sie am Leuchtturm Belle Tout vorbei und können das Dorf Birling Gap besuchen, von wo aus eine Treppe zum Strand hinunterführt.

TIPP

In Birling Gap gibt es im Gebäude des National Trust ein Café. Hier kann die Spezialität »Cream Tea« probiert werden. Sie besteht aus einer Tasse Tee, Scones (Gebäck), Clotted Cream (Sahneaufstrich) und Marmelade.

Bunte Häuser säumen die belebte Einkaufsstraße von Clonakilty.

59 CLONAKILTY

Stadt und Strand

Bunte Häuser, dicht aneinandergereiht in unterschiedlichen Größen und Bauarten, säumen die Straßen von Clonakilty. In der lebhaften Kleinstadt gehört das Erdgeschoss den Pubs, Spezialitätenläden und Geschäften. Clonakilty ist nicht nur ein sehenswerter Ort, er bietet auch die schönsten Strände des Bezirks Cork. Inchydoney heißt die Halbinsel und der lange Sandstrand direkt neben dem Ort. Etwas weiter weg liegen der Long Strand und der Red Strand Beach, dazwischen befindet sich der Galley-Head-Leuchtturm.

TIPP

In Clonakilty muss man Black Pudding probieren. Die Blutwurst gilt als Spezialität in ganz Großbritannien und Irland, doch der Clonakilty Black wird aus Rind und nicht wie sonst aus Schweinefleisch/-blut hergestellt. Als Frühstück gibt es sie im Richy's Restaurant & Café oder zum Kaufen bei Edward Twomey Butchers.

60 WILD ATLANTIC WAY

Traumstraße

Unbändige Stürme und Fluten haben die Westküste Irlands zerklüftet, eine wilde und gleichzeitig beeindruckende Landschaft ist entstanden. Ihr ständig folgend führt der Wild Atlantic Way von Südirland bis in den Norden. Rund 2600 Kilometer führt die Strecke durch einzigartige Natur, kleine bunte Städtchen voller Leben und vorbei an unzähligen Schafen sowie gelegentlich auch Robben und Delfinen. Braune Schilder mit einer Welle darauf kennzeichnen den Weg und machen das Fahren ohne Navi gut möglich.

TIPP

Im südlichen Abschnitt des Wild Atlantic Way lohnen sich die Fahrten hinaus auf die verschiedenen Halbinseln. Die Panoramastraße Ring of Kerry ist äußerst beliebt und bietet breite Straßen. Wer mit einem sehr schmalen Fahrzeug unterwegs ist, kann auch den Beara-Ring fahren oder hinaus zum Sheep's Head.

Die zerklüftete Küste Irlands
auf dem Beara-Ring

Der Torc-Wasserfall im Killarney-Nationalpark

61 KILLARNEY-NATIONALPARK

Mediterrane Pflanzenwelt

Am Fuß der höchsten Bergkette Irlands schmiegt sich der Killarney-Nationalpark. Das ganzjährig milde Klima der Südwestküste Irlands sorgt für eine hohe Artenvielfalt von Pflanzen. Daher wachsen rund um Killarney die unterschiedlichsten immergrünen Büsche und Sträucher, bis hin zu Flechten und Moosen, die nur hier vorkommen. Weitläufige Eichenwälder prägen das Erscheinungsbild. In ihnen verstecken sich zahlreiche Wasserfälle, zu denen meist gut angelegte Wanderwege führen. So beispielsweise auch zum Torc-Wasserfall. Wasser ist sowieso ein Thema im Killarney. Rund ein Viertel der Nationalparkfläche teilen sich die drei großen Gletscherseen Lough Leane, Muckross Lake und Upper Lake, wobei der erste der größte ist. An seinem Ufer liegt auch die mittelalterliche Festung Ross Castle. Diese wurde originalgetreu restauriert sowie möbliert und kann nun wieder besichtigt werden. Unweit der Festung legen Ausflugsboote ab. Sie bringen Besuchern den Nationalpark mit seinen Schätzen vom Wasser aus näher.

Eine schöne Wanderung bietet die Umrundung des Muckross Lake. Rund zehn Kilometer Weg führen am Ufer ohne erwähnenswerte Steigung entlang. Unterwegs taucht man in die fast schon mediterrane Pflanzenwelt ein, die dank dem warmen Golfstrom beste Bedingungen vorfindet. Höher hinaus kommen Besucher in den McGillycuddy Reeks. Eine wahre Bergwelt eröffnet sich allen Wanderern, es geht bis auf 1038 Höhenmeter hinauf. So hoch ist die Spitze des Carrauntoohil, des höchsten Bergs Irlands. Aber ja, zugegeben: Dieser befindet sich nicht mehr innerhalb des Killarney-Nationalparks.

TIPP

Durch das Gap of Dunloe führt ein Weg, der jeden vor Staunen erblassen lässt. Eine einspurige, sehr kurvenreiche Straße dringt mitten durch die Berge. Vorbei an kleineren Seen bewältigt sie einige Höhenmeter und bringt einen so in eine Welt längst vergangener Zeiten. Gletscher haben die Natur so einmalig schön gestaltet. Einziger Eingriff des Menschen ist die kleine schmale Straße. Am schönsten erkundet man die Region mit einer Kutschfahrt. Bitte auch nicht mit kleinen Autos befahren, es kann nicht gekreuzt werden. Wenn auf eigene Faust, dann zu Fuß oder per Fahrrad.

Zu Fuß auf der kurvenreichen Straße Gap of Dunloe

62 DINGLE PENINSULA

Berge und Sand

Weitaus unbekannter als der Ring of Kerry (Seite 72 – Tipp), in ihrer Landschaftlichen Schönheit aber keinesfalls unspektakulärer, präsentiert die Dingle Peninsula Besuchern ihre Schätze. Auch diese Halbinsel kann auf einem Rundkurs erkundet werden, die Straßen sind dabei meist schön breit und ermöglichen die Fahrt auch Wohnmobilen. Umrahmt wird auch die Dingle Peninsula von einer zerklüfteten Felsküste. Ihr Wahrzeichen sind die schönen Sandstrände. Beispielsweise der Inch Beach, welcher im Süden der Halbinsel wie eine Landzunge ins Meer hinausragt und dessen Sand hart genug ist, dass er mit Fahrzeugen befahren werden kann. Aber immer schön ein Auge auf die Gezeitentabelle haben, sonst wird das ein feuchtes »Unvergnügen«. Der lang gezogene Carhoo Bay Beach westlich von Dingle ist bei Fußgängern und Reitern gleichermaßen beliebt. Im Nordosten zwischen Maharees und Derrymore gibt es einen riesigen, langen Sandstand, an dem sich gleich mehrere Campingplätze befinden.
Wer von der einmaligen Landschaft nicht genug bekommen kann, der fährt ab Dingle den Slea Head Drive. Eine rund 30 Kilometer lange Panorama-Rundstrecke, mit spektakulären Ausblicken auf die Küste und das Meer. Bei gutem Wetter eine wahre Freude, bei Sturm oder Nebel nicht zu empfehlen. Die Straßen sind eng.
Wer sich eine tolle Aussicht erwandern möchte, kann auf einer Tageswanderung den Mount Brandon besteigen. Mit seinen 952 Metern ist er der dritthöchste Berg Irlands. Wer Höhenmeter lieber im Fahrzeug bewältigt, sollte den O'Connor-Pass ansteuern. Der ist zwar nur 456 Meter hoch, dafür ist es die höchste Passstraße Irlands.

TIPP

Dingle ist eine schöne und spannende Hafenstadt. Nicht nur der berühmte frei lebende Delfin Fungi, welcher bis 2020 regelmäßig in der Dingle Bay zu sehen war und dem eine Bronzestatue errichtet wurde, entlohnt den Weg hier hinaus. Auch die mitunter skurril schrägen Pubs in Dingle selbst. Solch ein Laden ist beispielsweise das Foxy John's Pub an der Main Street, das gleichzeitig ein gut sortiertes Handwerker-Fachgeschäft ist. Man kann hier auch Fahrräder mieten.

Verzasca-Tal (oben), Grand Tour of Switzerland (unten)

63 GRAND TOUR OF SWITZERLAND

1600 Kilometer Traumstraße

Wer spektakuläre Naturlandschaften, spannende Städte, faszinierende Denkmäler oder kulturelle Orte und Traditionen der Schweiz kennenlernen will, der sollte sich auf die Grand Tour of Switzerland begeben. Diese gut ausgeschilderte Route führt auf über 1600 Kilometern durch die ganze Schweiz und lässt kein Highlight aus. Foto-Wappen stehen an Orten mit besonders schönen Ausblicken auf Berge, Seen oder Stadtzentren.

TIPP

Die Route kann man sich vorab auf grandtour.myswitzerland.com ansehen und spannende Ausflugsorte und Ziele entlang der Strecke raussuchen. Für Papierliebhaber gibt es auch ein Buch dazu.

64 VERZASCA-TAL

Herz des Tessin

Idyllisch ist das Verzasca-Tal in die Tessiner Bergwelt eingebettet. Der Fluss Verzasca schimmert smaragdgrün und gleichzeitig glasklar über den weißen Steinen. Am Staudamm vorbei flussaufwärts folgend ergeben sich fantastische Blicke über den Fluss und in die Berge hinein. Vorbei an der Bogenbrücke »Ponte dei Salti« in Lavertezzo geht es ab Sonogno nur noch zu Fuß weiter zum Wasserfall Cascata della Froda.

TIPP

Die Wanderung Lavertezzo–Sonogno sollte man flussaufwärts machen. Am besten startet man morgens an der Ponte dei Salti, wo noch nicht viel los ist. So herum sind es 600 Meter hinauf und 200 Meter hinab, auf 13 Kilometer gesehen nicht schlimm.

65 SCHWEIZER NATIONALPARK

Wandern im Naturjuwel

Hohe Berge, Wälder, Flüsse und Wildtiere – das alles bietet der einzige Schweizer Nationalpark. Ein Panoramaweg der Extraklasse bereitet auf sechs Etappen Wandervergnügen pur. Abkürzungen mittels ÖV oder einzelne Etappen sind möglich. Auch andere Wege führen durch den Park. Dabei können Steinböcke, Steinadler, Gämsen oder Murmeltiere beobachtet werden. Unbedingt ein Fernglas einpacken und sich alpin tauglich kleiden.

Wie hübsch: Edelweiß im Schweizer Nationalpark

TIPP

Wer viel wandert, bekommt Hunger. Lokale Spezialitäten sind Capuns (in Mangold gewickelte Teiglinge), Bündner Fleisch (spezielles Trockenfleisch) oder die Bündner Nusstorte (gefüllt mit Karamell und Walnüssen).

66 ALETSCHGLETSCHER

Eiskaltes Vergnügen

Der größte und längste Gletscher der Alpen ist der Aletschgletscher. Er ist beeindruckend schön und löst bei seinen Betrachtern eine regelrechte Faszination für das ewige Eis aus. Über Jahrtausende hat er sich die Landschaft zurechtgeformt, nun taut er langsam vor sich hin. Wanderungen versprechen tiefblaue Bergseen, Arvenwälder und spektakuläre Ausblicke auf den Gletscherriesen, zum Beispiel vom Bettmerhorn zur Bettmeralp.

TIPP

Ein Aussichtspunkt der Extraklasse ist das Eggishorn. Per Seilbahn kommt man auf 2869 Höhenmeter und kann von dort den kompletten Aletschgletscher überblicken und die berühmten Bergspitzen Eiger, Mönch und Jungfrau sehen.

Das hübsche Stein am Rhein in der Ostschweiz (links). Der junge Rhein ist wild und ungezähmt (rechts oben). Eine Ostschweizer Spezialität: die St. Galler Kalbsbratwurst (rechts unten).

67 ST. GALLEN Zentrum der Ostschweiz

Zwischen Bodensee und Appenzell liegt die Universitätsstadt St. Gallen mit ihrer verkehrsfreien Altstadt. Wahrzeichen der Stadt ist die barocke Kathedrale mit der Stiftsbibliothek, in der 170 000 zum Teil handgeschriebene und 1000-jährige Dokumente aufbewahrt werden. Doch St. Gallen kann nicht nur traditionell, sondern auch modern. Viele studententypische Lokale laden zum Verweilen ein und etwas außerhalb hat der FC St. Gallen in einem der modernsten Fußballstadien der Schweiz sein Zuhause.

TIPP

Die St. Galler Kalbsbratwurst ist in der ganzen Schweiz bekannt. Probieren kann man sie zum Beispiel bei der Metzgerei Schmid am Bahnhofplatz in St. Gallen. Aber ohne Senf, das gehört sich in der Bratwurst-Stadt nicht.

68 STEIN AM RHEIN Die Märlistadt

Mittelalterliche Tore und Türme, verzierte Bürgerhäuser und ganz viel Fassadenmalerei. Wer durch das Städtchen Stein am Rhein schlendert, fühlt sich wahrlich wie im Mittelalter. Dazu passt auch das geschlossene historische Altstadtbild. Im ältesten, original erhaltenen Haus aus dem Jahr 1302 zeigt die KrippenWelt in jährlich wechselnden Ausstellungen bis zu 700 Krippen aus aller Welt. Wer das Städtchen im Sommer besucht, dem sei der Sprung in den Rhein empfohlen – eine erfrischende Abkühlung.

TIPP

Ein paar Fahrminuten außerhalb von Stein am Rhein befindet sich der Bio- und Erlebnishof Bolderhof. Da gibt es nicht nur Wohnmobilstellplätze. Wer sich traut, darf in Begleitung auf den Kühen reiten.

69 RHEINSCHLUCHT Schweizer Canyon

Ein Bergsturz begrub den Vorderrhein vor mehreren Tausend Jahren mit tonnenweise Schutt. Ein 25 Kilometer langer See wurde aufgestaut. Mit der Zeit schnitt sich der Fluss tief in die Schuttmassen ein, so entstand die Rheinschlucht. Heute zählt die rätoromanisch genannte Ruinaulta zu den spektakulärsten Landschaften der Alpen und wird zu Recht auch »Grand Canyon der Schweiz« genannt. Für Wanderer, Fotografen, Biker und Orchideenfans bietet sie ein absolutes Naturspektakel. Auch der Zug fährt durch sie hindurch.

TIPP

Spektakel gibt es in der Rheinschlucht nicht nur neben, sondern auch auf dem Wasser, und zwar beim Rafting. Vom 1. Mai bis 31. Oktober ist die wilde Fahrt mit dem Boot auf dem Vorderrhein möglich.

Der 28 Meter hohe Grazer Uhrturm auf dem Schlossberg

71 WACHAU Stift Melk und Krems

Das Stift Melk – oder korrekt die Abtei Melk – ist ein beeindruckendes Barockgebäude mit schöner Gartenanlage, das an der Donau liegt. Sie gilt als Wahrzeichen der Wachau, die zum UNESCO-Welterbe zählt. Krems liegt ebenfalls in der Wachau und direkt an der Donau. Seine Altstadt ist auch UNESCO-zertifiziert. Wer diese durch das Steiner Tor, das Wahrzeichen der Stadt, betritt, weiß gleich, warum. Wunderschöne Häuser mit bunten Fassaden, üppigem Blumenschmuck und unzählige kleine Fachgeschäfte geben diesem Ort ein besonderes Flair.

TIPP

Auf einem Felssporn etwa 300 Meter über der Donau breitet sich die einstige Burg Aggstein aus. Die Ruine kann besichtigt werden. Hier finden Mittelaltermärkte, Handwerkerkurse, Krimi-Dinner und vieles mehr statt.

70 GRAZ Kulturhappen

Kulturhauptstadt, Weltkulturerbe und Genusshauptstadt Österreichs – Graz trägt viele Titel und alle zu Recht! Die schmucken mittelalterlichen Altstadtgassen laden zum Erkunden ein. Nette Cafés servieren allerlei süße Schmankerl zum Getränk und auch kulturell ist einiges los. Graz ist eine lebendige Stadt mit viel Flair, gutem Essen, spannenden Sehenswürdigkeiten und geschichtlichen Leckerbissen. Von der Murinsel sollte man den Schlossberg zum Uhrturm hinaufgehen und den Blick, neben dem Wahrzeichen stehend, über die Stadt schweifen lassen.

TIPP

Das sogenannte »Bermuda-Dreieck« liegt in der Grazer Altstadt zwischen Mehlplatz, Prokopigasse und Färberplatz. In diesem Bereich gibt es sehr viele Bars und Gerüchten zufolge verschwinden hier Menschen öfters stundenlang spurlos.

72 SPIELBERG Red Bull Ring

Einmal etwas Rennluft schnuppern? Das ist in Spielberg sehr gut möglich. Nicht nur das Red Bull Racing Museum steht Besuchern offen, auch ins Fahrerlager kann man – wenn keine Veranstaltung ist. An Rennwochenenden geht das natürlich nicht. Doch dann bekommt man hier sowieso noch ganz anderes zu sehen und zu hören. Die gesamte Bandbreite an Motorrennsport ist auf dem Red Bull Ring in Spielberg aktiv, ein Blick in den Rennkalender lohnt sich. Doch auch ohne Liverennen ist der Besuch für alle Motorrennsport-Fans spannend.

TIPP

Verschiedene Wanderungen starten an der Winterleitenhütte im Zirbenland. Ab dem kleinen See starten die Wanderwege und zurück am Ausgangspunkt kann in der Hütte lecker gegessen werden.

Unterwegs in Graz (oben),
Burg Aggstein (unten)

73 INNSBRUCK Stadt in den Bergen

Innsbruck ist auch bekannt als die Stadt in den Alpen. Im Winter erreicht man vom Stadtzentrum aus ganze neun Skigebiete innerhalb weniger Minuten per Bahn oder mit dem kostenlosen Skibus, im Sommer sind es herrliche Wandergebiete mit toller Aussicht. Beispielsweise die Hafelekarspitze mit 2403 Höhenmetern kann entweder bequem per Luftseilbahn oder zu Fuß erklommen werden. Der Blick auf Innsbruck hinab ist fantastisch. Und oben können leckere österreichische Spezialitäten im Restaurant Seegrube gegessen werden.

Die Stadt am Inn hat aber auch eine sehenswerte Altstadt. Zwischen den schönen Häuserreihen stößt man auf das Wahrzeichen von Innsbruck, das Goldene Dachl. Beim Schlendern durch die Gassen kommt man ebenso am Dom zu St. Jakob vorbei oder an der Hofkirche mit dem Grabmal von Kaiser Maximilian I.

Ein Geruch begleitet einen immerzu beim Erkunden der Innenstadt: Irgendwo werden doch Würstchen gegrillt? Innsbruck ist durchzogen mit Würstlständen, beispielsweise beim Goldenen Dachl. Will man wie die Einheimischen essen also die Innsbrucker –, dann bestellt man hier einen Käsekrainer mit Ragout und Kren oder eine Tiroler Bosna, ein St. Johann Würstl mit Ketchup und Curry.

Ganz in der Nähe, an der Pfarrgasse 1, liegt das Culinarium in der Altstadt. An den wenigen Tischchen neben dem Verkaufsraum kann man zum Beispiel österreichische Weine degustieren. Ein paar Snacks können auf Wunsch dazu bestellt werden. Ein originales kleines Geschäft, wo Einheimische einkaufen und sich auf ein Glas Wein treffen.

Weihnachtszauber in Innsbruck (links). Das Goldene Dachl in der Innenstadt Innsbrucks mit Blick in die umliegenden Berge (Mitte). Wanderparadies rund um Lofer auf die gleichnamige Almwelt hinauf (rechts).

TIPP

Weihnachtsfans aufgepasst! Innsbruck hat alleine sechs Christkindlmärkte in der Innenstadt. Rund ums Goldene Dachl finden sich etwa 70 Häuschen. Dort führt auch die Märchen- und Riesengasse durch. An der Maria-Theresien-Straße kann man beim Glühweintrinken die Berge sehen. Am Marktplatz ist der ideale Familien-Christkindlmarkt, offenes Feuer hingegen am St. Nikolaus Christkindlmarkt. Und natürlich gibt es auch einen – fast – in den Bergen, den Hungerburg Weihnachtsmarkt. Zuletzt noch der Wiltener Weihnachtszauber etwas außerhalb des Zentrums.

74 LOFER

Urlaub im schönen Saalachtal

Spaziert man durch den historischen Ortskern von Lofer, könnte man meinen, man befinde sich mitten in den Dreharbeiten zu einem Film. Schmucke Häuschen und eine fantastische Aussicht auf die Bergwelt, welche den kleinen Ort im Saalachtal umringt, faszinieren auf Anhieb. Das 2000-Seelen-Dorf Lofer ist ein beliebter Urlaubsort, in dem man Ruhe und Erholung findet und ebenso seinen sportlichen Leidenschaften nachgehen kann. Im Zentrum steht dabei die Almwelt Lofer Dorf. Wo sich im Winter die Skifahrer im Skigebiet tummeln, eröffnet sich in den Sommermonaten eines der schönsten Wandergebiete der Alpen. Ob man die Auffahrt mit der bequemen Bahn in die Almwelt Lofer wählt, den Weg zu Fuß in Angriff nimmt oder den Gipfel mit dem E-Bike erklimmt, ein Besuch hier oben ist immer ein besonderes Erlebnis. Unten im Tal, dort wo das wilde Wasser der Saalach durch die Stromschnellen der Teufelsschlucht rauscht, finden Wassersportler beim Kajakfahren, Rafting und Canyoning ein wahres Paradies. Doch es muss nicht immer Action sein, auch ein ruhiger Tag in Lofer ist verlockend, etwa wenn man die Confiserie Berger besucht und sich dort eine süße Spezialität gönnt oder die Füße nach einem langen Fahrtag einfach nur in die Saalach hält und den Ausblick auf die Gebirgszüge der Loferer und Reither Steinberge genießt. Diesen genoss übrigens schon Wolfgang Amadeus Mozart, der auf seinen Reisen gerne in Lofer Halt machte und auch Filmemacher Clint Eastwood verschlug es für seinen ersten Hollywoodfilm nach Lofer. Fasziniert sei er gewesen von der massiven Kulisse, erzählt man sich noch heute.

TIPP

Wer es sich in Lofer so richtig gut gehen lassen will, ist auf dem Camping Park Grubhof genau richtig. Auf einem der schönsten Campingplätze der Alpen erwarten einen viel Freiraum, großzügige Stellflächen und ein umfangreiches Zusatzangebot für Körper und Geist. So gibt es auf dem familiengeführten Platz eine Wellness-Alm mit Fitnessbereich und ein Wirtshaus mit leckeren regionalen Spezialitäten. Der perfekte Ort, um sich von einer anstrengenden Wanderung oder einer Bike-Tour zu erholen. Egal ob mit Familie oder zu zweit, hier heißt es: Natur erleben und Komfort genießen.

ÜBERNACHTEN IN

Zentral- und Westeuropa

In Zentraleuropa bieten die meisten Länder sehr gute Camping-Infrastruktur mit entsprechend großem Angebot an Übernachtungsplätzen. Während man auf Campingplätzen den vollen Komfort genießt, steht man auf Stellplätzen meist deutlich enger, dafür oft zentraler. Wer etwas abgelegenere oder speziellere Plätze sucht, für den gibt es einige spannende Anbieter. Bei vielen Anbietern kauft man sich eine Jahresmitgliedschaft (ein Buch, eine App oder Ähnliches) und kann dann bei den Partnern 24 Stunden kostenfrei stehen – idealerweise kauft man vor Ort im Hofladen noch etwas ein. In Deutschland heißt das »Landvergnügen«, in Großbritannien und Irland »Brit Stops«, in Frankreich »France Passion« oder in Österreich »Bauernleben« sowie »Schau aufs Land«. Das Schweizer »Swiss Terroir« können wir leider nicht empfehlen. Vorwiegend Bauernhofplätze in den Niederlanden, aber auch einige außerhalb finden sich auf der Plattform SVR (man muss Spender werden unter www.svr.nl) sowie auf www.vekabo.de (direkte Buchung beim Hof ohne Mitgliedschaft). »Hinterland« in Deutschland oder »Nomady« in der Schweiz sind quasi das Airbnb für Camper. Private bieten dort ihre Plätze online an, die Buchung erfolgt über die Plattform. Solche oder ähnliche Plattformen sprießen momentan wie Pilze aus dem Boden. Daher sollte man das Preis-Leistungs-Verhältnis prüfen oder noch besser echte Erfahrungsberichte vorab lesen.

Deutschland
Panorama Camping Harras
Harrasser Str. 135, Prien am Chiemsee
47°50′25.3″N 12°22′24.7″E

Camping Park Lüneburger Heide
Badeweg 3, Schneverdingen
53°04′12.2″N 9°51′52.5″E

Spreewald-Natur-Camping
Schlossbezirk 20, Lübbenau
51°52′09.5″N 13°58′49.3″E

Niederlande
Camping Sollasi
Duinschooten 14, Noordwijkerhout
52°17′04.8″N 4°30′19.8″E

Der Grubhof in Lofer (Österreich)

Jachthaven en Camping de Helling
De Helling 2, Culemborg
51°57′41.1″N 5°13′16.7″E

Natuurkampeerterrein De Knotwilg
Witboomkil 1, Werkendam
51°47′19.8″N 4°47′33.0″E

Belgien
Camping Duinezwin
K. Astridlaan 55b, Bredene
51°15′04.2″N 2°58′26.8″E

Camping Wesertal
Rue de l'Invasion 68, Baelen
50°36′43.4″N 6°00′41.2″E

Privatplatz in Dinant (10 €/kein Service)
Reservationspflicht: +32/477/23 70 32
Rondchêne, Dinant
50°15′23.1″N 4°54′27.6″E

Luxemburg
Camping Park Beaufort
Grand-Rue 87, Beaufort
49°50′22.7″N 6°17′20.5″E

Frankreich
Camping de la Plage
2226 Rte du Littoral, Grimaud
43°16′55.0″N 6°35′10.1″E

Camping Neptune
4 Allée Gustave Eiffel, Saint-Mitre-les-Remparts
43°28′04.8″N 5°01′09.5″E

Camping de Porsévigné
226a Impasse du Gweltoc'h, Plouarzel
48°25′43.0″N 4°46′55.9″W

Großbritannien
Rosewall Camping
East Farm Dairy Farm, Osmington
50°38′27.8″N 2°22′42.0″W

Bank Farm Campsite
Bank Farm Leisure, Horton
51°33′04.3″N 4°12′15.6″W

Lynmouth Holiday Retreat
Manor Farm, Barbrook
51°13′04.6″N 3°49′45.7″W

Irland
Mountain Forge Escape
Mountain Common, Ardfield
51°34′47.2″N 8°54′15.9″W

Hungry Hill Camping Site
Adrigole Harbour, Adrigole
51°41′37.9″N 9°43′30.8″W

Killarney Flesk Caravan & Camping
Flesk, Muckross Rd, Killarney
52°02′35.1″N 9°29′57.8″W

Schweiz
Camping Delta
Via Gioacchino Respini 27, Locarno
46°09′20.8″N 8°48′02.9″E

Campingplatz Pè da Munt
Via Umbrail, Santa Maria Val Müstair
46°35′48.5″N 10°25′32.2″E

Bauernhof-Camping Strohgade
Lankstraße 3, Appenzell
Reservationspflicht: +41/78/948 93 29
47°20′45.2″N 9°23′38.8″E

Österreich
Camping Rossatzbach
Rossatzbach 21, 3602 Rossatzbach
48°23′28.2″N 15°30′59.2″E

Camping Judenstein
Judenstein 40, 6074 Rinn
47°15′36.2″N 11°30′21.0″E

Grubhof Camping
St. Martin 39, St. Martin bei Lofer
47°34′27.6″N 12°42′22.7″E

Kunstausstellung unter freiem Himmel in Krakau

OSTEUROPA

Naturspektakel, bunte Orte und kulinarische Genüsse

Nur zu oft ist der erste Gedanke bei Reisen nach Osteuropa: Ist es dort überhaupt sicher? Dabei sollte er doch vielmehr lauten: Was kann ich dort Spannendes entdecken? Wir Autoren freuen uns über jeden Einzelnen, der schon bei der zweiten Frage angelangt ist.

Allen, die sich noch mit der ersten beschäftigen, sei gesagt, dass sich organisiertes Verbrechen an Orten mit sehr wenig Reisemobil-Tourismus schlicht nicht lohnt. Diese Banden warten in Italien, Frankreich, Spanien, ja teilweise sogar schon in Deutschland – haben Sie sich die Sicherheitsfrage jemals bei diesen Ländern gestellt? Das kleine Touristen-Rinnsal nach Osteuropa würde bei negativen Schlagzeilen sehr schnell austrocknen. Es ist also im Interesse der Länder, Touristenregionen und Einheimischen, für Sicherheit zu sorgen.

Da nun die Vorurteile hoffentlich beseitigt sind, widmen wir uns den Einzigartigkeiten der Länder. Dreißig unterschiedliche Ziele, mal Natur, dann Städte, Dörfer, Burgen und vieles mehr.

INFOS

Rumänien
Rumänischer Leu (RON)
elektronische Vignette »Rovinieta« für Nationalstraßen
www.romaniatourism.com
Freies Campen: erlaubt

Bulgarien
Bulgarischer Lew (BGN)
digitale Vignette für Nationalstraßen
www.bulgariatravel.org
Freies Campen: nicht erlaubt (oft toleriert)

Slowakei
Euro (EUR)
digitale Vignette für Autobahn/Autostraßen
www.slovakia.travel/de
Freies Campen: nicht erlaubt (oft toleriert)

Ungarn
Forint (HUF)
elektronische Vignette für Autobahn + M-Straßen
www.visithungary.com/de
Freies Campen: nicht erlaubt (teilweise toleriert)

Ukraine
Hrywnja (UAH)
keine Maut
www.visitukraine.today
Freies Campen: erlaubt

Türkei
Türkische Lira (TRY)
Autobahnmaut, teilweise Brücken-/Tunnelmaut
www.goturkiye.com
Freies Campen: eingeschränkt erlaubt

Tschechien
Tschechische Krone (CZK)
elektronische Vignette Autobahn/Schnellstraße
www.czechtourism.com
Freies Campen: nicht erlaubt (oft toleriert)

Polen
Polnische Zloty (PLN)
Autobahnmaut
www.polen.travel/de
Freies Campen: eingeschränkt erlaubt

Das Donaudelta ist ein magischer Ort in Europa.

75 DONAUDELTA

Das artenreiche Naturparadies

Es ist das letzte wirkliche Naturparadies Europas: das Donaudelta ganz im Osten von Rumänien am Schwarzen Meer. 5200 Tier- und Pflanzenarten wurden im Biosphärenreservat in den vergangenen Jahren gezählt. Symbol des Deltas ist der Pelikan. Gleich zwei Arten leben hier in der bedeutendsten europäischen Pelikankolonie. Fährt man frühmorgens durch das Labyrinth aus kleinen Seitenkanälen, Seen und schwimmenden Inseln kann man die größten und schwersten Flugvögel der Erde beim Aufwärmen in der Sonne beobachten. Auch große Kormorane, unterschiedliche Reiher und unzählige weitere Vogelarten wird man entdecken. Es ist ein Meer aus Schilf, Seerosen und Algen. Die großen Schiffe können nur auf den drei breiten Kanälen fahren, in kleinen Booten kann man den Zauber des Donaudeltas viel umfangreicher erleben.

TIPP

Einen guten Bootsführer mit kleinem Boot zu finden, ist gar nicht schwer. Am besten man checkt mit seinem Wohnmobil auf dem Camping Lac Murighiol im gleichnamigen Ort ein. Der Betreiber selbst hat ein Boot, kennt sich bestens aus und nimmt Gäste gerne mit auf eine unvergessliche Tour durch das Donaudelta.

Am Hauptplatz in Braşov (links). In Berca spritzt Schlamm aus dem Boden, Ursache sind Gaseruptionen unter der Erde (rechts oben). Das Schloss Bran – wohnte hier einst Dracula (rechts unten)?

76 SCHLAMMVULKANE VON BERCA Sprudelnde Kraterlandschaft

Fast die Hälfte aller Schlammvulkane weltweit befinden sich in Aserbaidschan. Es gibt noch welche in Bulgarien, Italien und der Ukraine. Die größten Schlammvulkane Europas kann man aber in Rumänien bei Berca bestaunen und sie sind tatsächlich sogar am aktivsten. Wie der Name schon verrät, spucken die Vulkane keine Lava, sondern Schlamm. Durch Gaseruptionen unter der Erde wird Grundwasser mit lehmhaltigem Boden vermischt und an die Oberfläche gedrückt.

TIPP

Die Anfahrt über Policiori wählen und den Schildern »Volcanii noroiosi« folgen. Es gibt zwei Schlammfelder. Beim rechten ist der Camping Muddy, ein Restaurant mit Campingwiese und etwas Infrastruktur.

77 BRAŞOV Eine Stadt zum Verlieben

Mitten in den rumänischen Karpaten liegt Braşov, auf Deutsch Kronstadt. In die siebenbürgische Stadt verliebt man sich unweigerlich. Da sind die gepflasterte Altstadt, die farbenfrohen Barockgebäude und das fantastische alte Rathaus, welches auf dem imposanten Rathausplatz steht. Doch Braşov kann nicht nur Vergangenheit, sondern auch Zukunft. Viele moderne Cafés und Restaurants laden zum Verweilen ein. Da werden aus einem geplanten Aufenthalt von ein paar Stunden in der Stadt mit ihrer mächtigen Stadtmauer schnell ein paar Tage.

TIPP

Um mehr über die Geschichte Braşovs zu erfahren und die spannendsten Ecken kennenzulernen, bietet sich eine Free Walking Tour an. Diese starten beim Informationszentrum der Stadt an der Strada Prundului 1.

78 SCHLOSS BRAN Graf Dracula

War er nun da oder nicht? Ganz klar ist bis heute nicht, ob der bekannteste aller Vampire je auf Schloss Bran gelebt hat oder gar nur zu Besuch war. Die Legende um das Dracula Schloss in Transsilvanien entstand, da Schloss Bran das einzige Schloss in der Region ist, das der Beschreibung von Bram Stoker, dem Schriftsteller der Graf-Dracula-Geschichte, in fast allen Einzelheiten entspricht. Das Schloss Bran wurde im 14. Jahrhundert erbaut und lohnt auf jeden Fall einen Besuch, ob Dracula nun da war oder nicht. Egal ob nur von außen oder auch von innen.

TIPP

Es muss nicht unbedingt das Dracula-Schloss in Bran sein. Rumänien hat viele weitere Schlösser und Burgen zu bieten. Lohnenswert ist etwa die Burg Hunedoara in der gleichnamigen Stadt, eine Festung mit gotischen Türmen.

Die Stadt Sibiu (oben).
In den Westkarpaten (unten).

79 KIRCHENBURGEN Prejmer und Härman

Siebenbürgen ist berühmt für seine Kirchenburgen. Im Mittelalter wurden die Kirchen in den stark umkämpften Regionen zu Festungsanlagen aufgerüstet. Über 160 sind entstanden, heute sind sieben von der UNESCO als Weltkulturerbe ausgezeichnet. Die Kirchenburg in Prejmer trumpft mit den dicksten Mauern und dem höchsten Turm auf. Unter einem Fallgatter hindurch geht es in die riesige Anlage hinein. Ein beeindruckendes Bauwerk.

TIPP

Gefallen an Kirchenburgen gefunden? Im Nachbarort Honigberg – rumänisch Härman – steht eine weitere. Sie gilt als eine der schönsten und am besten erhaltenen Kirchenburgen Rumäniens, ist aber nicht von der UNESCO ausgezeichnet.

80 TRANSFĂGĂRĂŞAN

Die Traumstraße

Wer Passstraßen, enge Kurven und fantastische Ausblicke liebt, ist hier genau richtig. Der Transfăgărăşan verbindet das Argeş-Tal der Großen Walachei mit dem Olt-Tal in Siebenbürgen auf spektakuläre Art und Weise. Auf 151 Kilometern Asphalt, breit genug auch für Wohnmobile, windet sich die Straße durch die grüne Landschaft vorbei an Schafen und Staumauern. Nicht per Zufall gilt der Transfăgărăşan als eine der schönsten Passstraßen der Welt.

TIPP

Wer in Rumänien Bären sehen will, hat auf dem Transfăgărăşan gute Chancen. Doch aufgepasst, die Tiere sollte man auf keinen Fall füttern oder anlocken, sondern nur aus der Entfernung beobachten.

81 SIBIU Schönes Transsilvanien

Sibiu (Hermannstadt) muss man einfach besucht haben, wenn man durch Rumänien reist. Es sind die herzlichen Menschen, die man sofort ins Herz schließt, die farbenfrohen Gebäude, die einen staunen lassen, und es ist die spannende Geschichte, die einen fesselt, wenn man sie hört. Ist man erschöpft von all den Eindrücken, lohnt sich die Einkehr in einem der unzähligen Restaurants in der Altstadt.

Eine der schönsten Passstraßen überhaupt ist der Transfăgărăşan.

TIPP

Das Freilichtmuseum ASTRA liegt nur wenige Fahrminuten außerhalb von Sibiu. Zu sehen sind Gehöfte aus den verschiedenen Landesteilen Rumäniens, Innenräume im Originalzustand, Werkstätten oder Holzkirchen.

82 WESTKARPATEN Bergparadies

Die Westkarpaten erstrecken sich zwischen der Donau im Süden und dem Barcău-Tal im Norden. Dichte Wälder, abenteuerliche Wanderwege, Wasserfälle und viel Einsamkeit prägen diese Region Rumäniens. Hier kommen Familien, Abenteurer, Reiter oder auch Wassersportler voll auf ihre Kosten. Die Region ist auch im Winter interessant, denn in den Westkarpaten gibt es nicht weniger als 125 verschiedene Skigebiete.

TIPP

450 Stufen hinab, dann erreicht man den kompaktesten unterirdischen Eisblock Europas mit einem Volumen von 75 000 Kubikmetern. Er stammt aus der Eiszeit und befindet sich in der Scărişoara-Höhle, auch Eishöhle genannt. Ein Naturspektakel mit Gänsehaut-Garantie.

Fresken schmücken die Wände der Klosterkirche von Rila.

84 RILA-NATIONALPARK

Wanderwelt

Nur rund 70 Kilometer südlich von Sofia liegt der Rila-Nationalpark. Hier finden sich nicht nur bezaubernde Naturlandschaften, sondern auch kulturelle Sehenswürdigkeiten wie das Rila-Kloster. Zwischen hohen Bergen eingebettet liegt die Klosteranlage, ein optisch unglaublich schönes Bauwerk aus Holz und Stein. Die Wände der Hauptkirche sind mit Fresken überzogen. Man kann Stunden mit Staunen verbringen. Nicht weit weg dann ein Naturspektakel: die Stob-Pyramiden, eine skurrile, natürlich geformte Landschaft.

TIPP

Die wohl spektakulärste Wanderung führt zu den Sieben Seen hinauf. Mittels Sessellift (Straße 6206 ab Saparewa Banja) kommt man an Wochenenden zur Bergstation. Die Rundwanderung dauert rund 4–5 Stunden.

83 BELOGRADTSCHIK

Felsenwald aus Sandstein

Australien? Amerika? Nein, wir sind in Bulgarien. Man muss sich zweimal kneifen, wenn man zwischen den gigantischen Felsen steht und seinen Blick über die 30 Kilometer lange Fläche schweifen lässt. Man könnte auch im Grand Canyon stehen. Die Felsen von Belogradtschik wurden von der Natur in mehr als 200 Millionen Jahren geformt und verdanken ihre Farbe dem hohen Anteil an Eisenoxid im Gestein. Ein guter Ort auch für Bilder vom Wohnmobil, denn eine Straße führt mitten durch das Naturwunder.

TIPP

Belogradtschik ist nicht nur an der Oberfläche sehenswert. Eine Steintreppe führt zum Höhlenlabyrinth Magura hinab, das auf zweieinhalb Kilometern Länge den Besuchern eine unterirdische Galerie aus der Bronzezeit zeigt.

85 PLOVDIV

Älteste Stadt Bulgariens

Auf sieben Hügeln wurde Plovdiv, die Kulturhauptstadt Europas 2019, gebaut. Geschichte gehört bei einem Besuch Plovdivs einfach dazu. Zeitzeugen aus der Trakehner-, Griechen- oder Römerzeit sowie aus dem Mittelalter finden sich bis heute in der Altstadt. Beispielsweise das Amphitheater, das Forum, das römische Stadion oder Basiliken. Ein Spaziergang durch die gepflasterten Gassen der Altstadt lohnt sich. Moderner ist das Viertel Kapana mit seiner Street-Art-Szene, den Galerien und gemütlichen Cafés.

TIPP

Die spannende Stadt hat noch viel mehr zu bieten, als auf den ersten Blick ersichtlich ist. Eine Stadtführung lohnt sich unbedingt, beispielsweise die Free-Walking-Tour von www.freeplovdivtour.com.

Im Innenhof des Rila-Klosters (oben). Felsenlandschaft rund um Belogradtschik (unten).

Wanderung auf dem Kammweg durch die Niedere Tatra

86 CHOPOK

Niedere Tatra

Die kleine Schwester der Hohen Tatra, die Niedere Tatra, ist gar nicht so flach, wie der Name vermuten lässt. Das beweist auch der Chopok mit seinen 2023 Metern Höhe. Der dritthöchste Gipfel der Niederen Tatra ist gekennzeichnet durch Steinwände und tief eingeschnittene Schluchten. Erreichen kann man den Gipfel des Chopoks auf zwei Arten, die unterschiedlicher kaum sein könnten. Entweder man setzt sich im Tal in die Seilbahn und erreicht den Gipfel ohne Muskelkater und Anstrengung oder aber man erwandert den Gipfel in gut drei Stunden. Egal welchen Weg man wählt, ist man erst einmal oben angekommen, wird man mit einer atemberaubenden Aussicht über die Niedere Tatra belohnt. Ein besonderes Erlebnis ist es, noch ein paar Meter auf dem Grat zu wandern, während einem die Slowakei zu Füßen liegt.

TIPP

So ein Ausflug macht hungrig. Nur ein paar Meter von der Talstation des Chopok entfernt liegt das Bystrina Resort, eine Anlage mit Campingplatz und einem ausgezeichneten Restaurant. Zu finden ist dieses in einer urigen Hütte. Die Speisekarte bietet jegliche Spezialitäten des Landes von der Vor- bis zur Nachspeise.

Der slowakische Mittelpunkt Europas (links). Die beeindruckende und riesige Anlage der Zipser Burg (rechts oben). Hübsche Bergbaustadt mitten in der Slowakei (rechts unten).

87 MITTELPUNKT EUROPAS

Einer von dreien

Ganz einig ist man sich in Europa nicht, wo der Mittelpunkt des Kontinents genau liegt. Anspruch auf diesen Mittelpunkt erhebt nebst der Ukraine (Seite 104) und Litauen (Seite 47) auch die Slowakei. Laut Berechnungen der Slowaken liegt der Mittelpunkt in Kremnické Bane. Er befindet sich abseits der Hauptstraße, an der gotischen Kirche des hl. Johannes des Täufers, und ist mit einem auffälligen Stein markiert. Bei der Gründung der Slowakischen Republik wurde hier der Grundstein der Slowakischen Staatlichkeit gelegt.

TIPP

Wunderschöne Holzkirchen prägen die Slowakei. Sie wurden unter besonderen Auflagen erbaut und stehen alle auf der UNESCO-Welterbeliste. Eine der schönsten des Landes steht in Hronsek unweit des Mittelpunkts Europas.

88 BANSKÁ ŠTIAVNICA

Bergbaustadt

Die älteste Bergbaustadt der Slowakei, Banská Štiavnica (deutsch Schemnitz), befindet sich im südlichen Teil des Landes. Besonders beeindruckend ist aber nicht nur die Geschichte rund um den Bergbau, sondern in der Gegenwart vor allem das historische Zentrum von Banská Štiavnica mit über 300 denkmalgeschützten Bauten. Kirchen, Schlösser, Villen und Bürgerhäuser, romantische Gassen und Hunderte Stiegen, da kommt man aus dem Staunen und dem Fotografieren kaum mehr raus. Erreichbar ist alles auf kurzen Wegen zu Fuß.

TIPP

Wer mehr über die Geschichte des Bergbaus in Schemnitz erfahren möchte, besucht am besten das Bergbaumuseum. Zu den Highlights hier zählen das Befahren des Stollens Bartolomej sowie die Ausstellung an der Oberfläche.

89 ZIPSER BURG

Bilderbuchburg

Eine der größten Burganlagen in Mitteleuropa steht in der Slowakei. Nach dem Guinnessbuch der Rekorde ist nur die Prager Burg größer. Umso beeindruckender ist bereits die Fahrt auf die Zipser Burg (Spišský hrad) zu. Von Weitem schon sieht man die majestätische Anlage mit ihrer riesigen Außenmauer auf einer Anhöhe stehen. Um die ganze Anlage auf ein Foto zu bringen, lohnt es sich daher, schon früh anzuhalten. Doch nicht nur von außen macht die Burg Eindruck, auch innen gibt es viel zu sehen und zu erleben.

TIPP

Nicht weit weg von der Burg an einem kleinen Rastplatz befindet sich eine Mineralwasserquelle, genannt Sivá Brada Gejzir. Alle paar Minuten schießt hier das Wasser in einer kleinen Fontäne aus dem Boden hinaus.

Ungarn lockt gleich mit mehreren Weinspezialitäten.

91 EGER Tal der schönen Frauen

Eger ist ein berühmtes Weinanbaugebiet, unter anderem bekannt für den Rotwein Egri bikavér (Erlauer Stierblut). Der wunderschöne Ort mit seinen bunten Häusern bietet aber auch eine schöne Altstadt und ist für seine Thermalquelle mit dem dazugehörigen Bad geschätzt. Wein, Kultur und Wellness vereint an einem Ort: Eger ist der Himmel auf Erden. In der Stadt locken die barocken Bauten, das Minarett aus osmanischer Zeit, die mittelalterliche Burg oder die Kathedrale zur Besichtigung.

TIPP

Eger hat unzählige Höhlen. Viele werden als Weinkeller genutzt. Die schönsten und geselligsten finden sich im Tal der schönen Frauen. Hier befinden sich rund 150 Weinkeller nebeneinander, die meisten mit Schankraum.

90 PUSZTA HORTOBÁGYI

Steppenland

Die Puszta von Hortobágyi ist die größte mitteleuropäische Steppenlandschaft und Teil des Nationalparks Hortobágyi. Ebene Graslandschaften reichen bis zum Horizont, doch langweilig ist das keinesfalls. Ungarische Langhorn-Graurinder, Wasserbüffel, Schafe und Schweine werden hier gezüchtet. Gerade diese alten Rassen können heute nur noch dank des sanften Tourismus erhalten werden. Vögel, Insekten oder Echsen leben ebenfalls in der Steppe. Eine spannende Gegend, die man so in Ungarn nicht erwartet hätte.

TIPP

Ein guter Ausgangspunkt zur Steppenerkundung von Hortobágyi ist das Gestüt Mátai, das mit fast 270 Pferden zu den größten Pferdezuchtzentren Ungarns gehört und ebenfalls besichtigt werden kann. Ab hier können Kutschfahrten unternommen werden.

92 TOKAJ

Berühmter Wein

Im Norden von Ungarn liegt Tokaj, das über die Landesgrenzen hinaus für seinen Weißwein bekannt ist. Am verbreitetsten ist die süße Ausführung als Tokaji Aszú und Tokaji Eszencia, es gibt ihn aber auch als trockenen oder halbtrockenen Wein. Im hübschen Ort Tokaj gibt es zahlreiche Weinhandlungen, in denen die edlen Tropfen degustiert und, wenn's mundet, gleich gekauft werden können. Auch in den Restaurants der Region können Tokajer Weine bestellt und zu einer Mahlzeit getrunken werden.

TIPP

Am Fluss Theiß liegt der Campingplatz Mayfly. Wer Glück hat, steht direkt am Fluss mit einer fantastischen Aussicht auf den Ort. Nebenan liegt das Restaurant Halra Bor Étterem, wo es leckere ungarische Gerichte und natürlich auch regionalen Wein gibt.

Langhorn-Graurinder in der Puszta Hortobágyi (oben).
Brunnen in Tokaj (unten).

Das Parlamentsgebäude
in Budapest an der Donau.

Der Eingang der
Ruinenbar Szimpla Kert

93 BUDAPEST Stadt an der Donau

Einst lagen zu jeder Seite der Donau eigenständige Orte, 1873 beschlossen die Gemeinden Buda und Pest sich zusammenzutun – Budapest wurde gegründet. Noch heute trägt die Donau als markantes Merkmal zum Erscheinungsbild von Budapest bei und ebenfalls bis heute sind die ehemaligen Ortsnamen, nun als Namen der Stadtteile, geblieben. Buda liegt am westlichen Donauufer. Hier steht leicht erhöht auf einem Hügel das beeindruckende Burgviertel. Barocke Gebäude, gepflasterte Straßen und allerlei prächtige Bauten aus der Vergangenheit verzaubern den Betrachter. Besonders sehenswerte Gebäude sind beispielsweise der Königspalast, der Sándor-Palast, die Matthiaskirche oder die Fischerbastei. Von Letzterer ist der Blick auf das andere Ufer hinüber atemberaubend. Zwischen den monumentalen Bauten liegen gemütliche Cafés, kleine Geschäfte und gute Restaurants. Es ist ein Spaziergang durch die Geschichte.
Natürlich findet sich auf der Pester Seite ebenfalls Geschichte und prächtige Bauten, beispielsweise das Parlament, welches direkt am Donau-Ufer liegt. Doch es ist auch das Ufer der Künstler, Studenten, Arbeiter, der Unterhaltungsbranche mit Theatern und Vergnügungsvierteln sowie Heimat von Industrie und Handwerk. Hier findet das alltägliche Leben statt. In der Zentralen Markthalle gibt es nebst alltäglichen Lebensmitteln auch viele ungarische und weltweite Spezialitäten. Direkt davor liegt die Shoppingmeile mit der Einkaufsstraße Váci, an und um die sich viele Restaurants schmiegen.
In ganz Ungarn gibt es zahlreiche Thermalquellen und Wellnessbäder, so auch in der Hauptstadt. Schon die Römer badeten in Budapest im natürlichen heißen Wasser, doch erst die Türken brachten die Badehäuser mit und damit die bis heute populäre Badekultur. Zwei Beispiele besonders beeindruckender Thermalbäder sind das Lukács-Bad und das Széchenyi-Bad. Budapest ist übrigens weltweit die einzige Millionenstadt, die sich auch Kurort nennen darf. Wellnessaufenthalt und Großstadt in einem gefällig? Dann ab an die Donau, ab nach Budapest!

EIN SPAZIERGANG AN DER DONAU ENTLANG IST IN BUDAPEST IMMER ZU EMPFEHLEN. BESONDERS SCHÖN IST DIESER, WENN ES DUNKEL IST UND DER KÖNIGLICHE PALAST BELEUCHTET WIRD.

TIPP

Wer nach Budapest reist, sollte unbedingt eine der Ruinenbars besuchen. Diese kultigen Abrissbars sind aus der Not heraus entstanden. Mit wenig Geld, aber viel Kreativität wurden Abrisshäuser von Studenten auf Vordermann gebracht. Die Mutter aller Ruinenbars ist das Szimpla Kert an der Kazinczy utca 14. Verwinkelte Gasträume, kein Stuhl gleicht dem andern.

Der ukrainische Mittelpunkt Europas.

94 LWIW

Tipp unter Kennern

Zugegeben, bis man sein Reisemobil geparkt hat, braucht man einige Nerven in Lwiw. Doch zu Fuß zeigt sich die Pracht der Stadt, die auf Deutsch Lemberg heißt und nur so sprudelt vor Leben. Mit Straßenkünstlern wird mitgesungen, gemütliche Cafés und Restaurants laden zum Verweilen ein. Ein Markt mit traditioneller Kleidung, die in moderner Form auch im Alltag getragen werden kann, lockt Besucher an. Im Pravda Beer Theatre gibt es abends Unterhaltung auf drei Etagen, ein paar Häuser weiter wird bei der Bar Pyana Vyshnya (»Besoffene Kirsche«) ausschließlich Kirschlikör ausgeschenkt.

TIPP

Um die coolsten Bars und die spannendsten Ecken von Lwiw kennenzulernen, ist eine Free Walking Tour mit »Lviv Buddy« zu empfehlen. Besonders empfehlenswert sind vier Touren: die »Must see«-Tour, die Tour über die jüdische Geschichte, der Rundgang über die Geheimnisse der Stadt und die Tour mit kulturellem Inhalt.

95 MITTELPUNKT EUROPAS

Die ukrainische Version

Über kleine Pässe mit gelegentlich ein paar Marktständen fährt man durch die Kornkammer Richtung Süden. Irgendwann erreicht man Dilowe und damit nach der Slowakei (Seite 96) und Litauen (Seite 47) einen weiteren Mittelpunkt Europas. 1887 wurde hier von österreichischen Geometern das geografische Zentrum Europas berechnet. Ein gewaltiges Betondenkmal wurde errichtet, von dem man mit dem Wohnmobil daneben ein Erinnerungsfoto aufnehmen kann. Rumänien ist hier nur durch den Fluss Theiß – und etwas Stacheldraht – von der Ukraine getrennt.

TIPP

Der Mittelpunkt in der Ukraine lohnt sich nicht nur wegen der symbolischen Bedeutung. Gleich neben dem Denkmal liegt das Restaurant Kolyba-Muzey. Schon das Holzgebäude an sich ist eine Wucht und auch der Gastraum ist sehr spannend. Die Speisen sind typisch ukrainisch und ausgesprochen lecker.

Lwiw überrascht als spannende und lebensfrohe Stadt.

96 ISTANBUL Stadt der Kontinente

Die Eindrücke, die während der ersten Meter auf einen einprasseln, die man in Istanbul mit dem eigenen Wohnmobil fährt, sind gigantisch. Kein Wunder: Knapp 16 Millionen Einwohner leben in der Mega-City am Bosporus. Gut, dass es nur unweit des Fähranlegers einen großen Parkplatz gibt, wo man sein Wohnmobil parken darf. Erst einmal durchschnaufen! Sind die ersten Eindrücke verdaut, geht es fußläufig in die größte Stadt der Türkei, die gleichzeitig auch die einzige Stadt der Welt ist, die auf zwei Kontinenten – Europa und Asien – liegt. Nun bleibt nur noch die Frage, wohin man gehen möchte. Bevor man gleich die Moscheen besucht, stärkt man sich besser noch kurz mit einer lokalen Köstlichkeit. Diese findet man beispielsweise an der Galata-Brücke. Da schwimmen die farbigen Imbissboote schaukelnd auf dem Bosporus und braten allerhand frische Zutaten auf dem offenen Grill. Nun kann das Sightseeing definitiv starten. Es bieten sich die Blaue Moschee, die Kleine und »große« Hagia Sophia, die Zitadelle oder der ägyptische Basar an. Gerade Letzterer zieht einen in seinen Bann und lässt einen glauben, in »1001 Nacht« gelandet zu sein. Die Hallen hoch und reich verziert, riecht es überall nach frischen Gewürzen, es funkelt und klingt. Stunden kann man hier verbringen und hat noch immer nicht alles gesehen. Zur Erholung bietet sich danach der Gülhane-Park an. Dank viel Grün mitten in der Stadt lassen sich die Lungen mit scheinbar sauberer Luft füllen. Wer danach noch Energie hat, der lässt sich am besten treiben und genießt das unvergleichliche Ambiente dieser Stadt.

Auf dem Bazar finden sich prachtvolle Schätze (links). Durch den Innenhof gelangt man zum Eingang der Blauen Moschee Istanbuls (Mitte). Das Trojanische Pferd in der Gedenkstätte (rechts).

TIPP

Bis zu 50 Delfine leben nach Schätzungen von Experten in der Meerenge zwischen dem europäischen und dem asiatischen Teil Istanbuls, dem Bosporus. Wer genug Geduld mitbringt, kann vielleicht sogar eines der seltenen Tieren vom Ufer aus erblicken und beobachten, wie es zwischen den Schiffen und Tankern hin und her schwimmt und kleinere Fische jagt. Am Ufer des Bosporus gibt es überall verschiedene Sitzgelegenheiten, wo man es sich gemütlich machen kann, um die Tiere mit ein bisschen Glück mitten in der Millionenstadt beobachten zu können.

97 GALLIPOLI Kriegs-Halbinsel

Im Nordwesten der Türkei und somit noch auf europäischem Boden liegt die Gallipoli-Halbinsel. Gezeichnet und für immer geprägt wird sie von der Schlacht um Gallipoli im Ersten Weltkrieg. Bis heute dreht sich hier viel um die Geschichte und unzählige Denkmäler, Museen und Schauplätze erinnern Besucher an die tragische Zeit. Einen sehr guten Überblick bietet das Kriegsmuseum Çanakkale Destanı Tanıtım Merkezi. Mit lebensgroßen Kriegern werden im topmodernen Museum verschiedene Szenen nachgestellt. Das Highlight ist eine 4-D-Kinoführung, während der man sich von Saal zu Saal bewegt und auf riesigen Leinwänden um und über sich an die Schauplätze mitgenommen wird. Detonationen sind spürbar, man ist wirklich Teil des Ganzen.

Wieder am Tageslicht zeigt sich, dass die Gallipoli-Halbinsel heute nicht nur ein ehemaliger Kriegsschauplatz ist, sondern landschaftlich einige Schätze zu bieten hat. Piniewälder überziehen weite Flächen und auch wunderbare Strände finden sich rund um die Halbinsel. Teilweise sind sie mit ein paar Felsen gespickt und bestehen aus Kies. Anders sieht es beispielsweise am Strand Suvla Cove aus. Die lang gezogene Bucht ist mit Fahrzeugen gut erreichbar, bietet aber dennoch einen naturbelassenen Strand. Alles, was man für einen Tag am Strand braucht, muss selbst mitgebracht werden. Das Meer beginnt flach und der Boden ist sandig. Etwas im Hinterland liegt ein Salzsee. Der Tuz-See ist sehr flach, sein Wasser steht nur 50–100 Zentimeter hoch. Das führt im Sommer zu stellenweise ausgetrockneten Salzwüsten. Hat der See Wasser, kann man mit etwas Glück Flamingos beobachten.

TIPP

Nimmt man die Fähre von Eceabat nach Çanakkale, wechselt man innerhalb von 30 Fahrminuten den Kontinenten und befindet sich bei Ankunft in Asien. Während in Çanakkale an der Uferpromenade die originale Filmrequisite des Trojanischen Pferdes steht, liegt das eigentliche Troja etwas weiter südlich. Hisarlik nennt sich der ehemalige Siedlungshügel. Dort befindet sich ein weiterer Nachbau des hölzernen Pferdes sowie die Ausgrabungsstätte zu Troja – beziehungsweise was einige Archäologen heute für den Ort halten.

98 BRNO

Stadt der Sagen

Die Stadt Brno, zu Deutsch Brünn, erinnert mit ihren Jahrhundertwendehäusern ein wenig an Wien. Am Krautmarkt bieten regionale Händler ihre Produkte an, darunter erstreckt sich ein Labyrinth aus Gängen und Kellern. Brno ist voller Sagen und Legenden. Warum hängt ein Krokodil beim Rathaus? Ist das ein Gesicht in der Hauswand? Antworten finden sich in Brünn, einer spannenden und schönen Stadt, die Prag in nichts nachsteht.

TIPP

»Starobrno« steht in großen Buchstaben auf einem altehrwürdigen Gebäude an der Hlinky 160 geschrieben. Das Bierbrauen hat in Brno eine 800 Jahre lange Tradition. Wer Zeit hat, kann die Brauerei bei einer Führung besichtigen.

99 HRAD VEVEŘÍ

Land der Burgen

Rund zwölf Kilometer von Brno entfernt liegt die Burg Hrad Veveří. Sie kann nach der Abgabe eines Obolus besichtigt werden. Bei der Burg Hrad Veveří handelt sich es um eins der weitläufigsten und ältesten Burgareale nicht nur in Mähren, sondern in ganz Tschechien. Da das beeindruckende Bauwerk auf einem Felsvorsprung oberhalb der Brünner Talsperre liegt, hat man bei gutem Wetter einen fantastischen Blick auf die Ausflugsdampfer.

TIPP

14 Kurven Rennvergnügen warten beim Automotodrom Brno auf Motorrennsportfreunde. Etwas außerhalb der Stadt befindet sich die Rennstrecke, die unter anderem Austragungsort des Großen Preises von Tschechien ist.

Hübsch, spannend und faszinierend – das ist Prag (links). Dieses Krokodil im Bogengang des Alten Rathauses ist der Drache von Brno (rechts).

100 SCHLOSS HLUBOKÁ

Romantisches Schloss

Das weiße Schloss Hluboká nad Vlatavou ist eine bezaubernde Schönheit. Im gleichnamigen Ort steht die auf Deutsch Frauenberg genannte beeindruckende Schlossanlage. Von außen ist sie wunderschön, innen überzeugt viel Prunk, mit Schnitzereien reich verzierte Decken sowie Wände und wertvolles Mobiliar. Ein Rundgang durch diese faszinierende Anlage versetzt die Besucher in eine längst vergangene, aber hier toll erlebbare Zeit.

TIPP

Nicht weit vom Schloss dreht sich alles um Bier. Aus dem Ort Budweis kommt das gleichnamige Bier. Man kann die Brauerei besichtigen, das Museum besuchen oder einfach in der Bierstube »Budvar« ein kühles Helles genießen.

101 PRAG

Hundert Türme

Barocke Paläste und Gärten, gotische Dome oder romanische Kirchen. Prag überzeugt mit einer Fülle von Architekturschätzen. Die Prager Burg, die Karlsbrücke, historische Gärten und Parks, der Wasserturm, die alte Windmühle – und es gibt noch so viel mehr zu sehen. Zur lebendigen Stadt gehört natürlich auch die Moldau, deren Flusslauf von über 30 Brücken überspannt wird. Für die Stadt sollte man unbedingt Zeit mitbringen.

TIPP

Müde Beine? Bezaubernde Kaffeehäuser haben regelrecht Tradition hier – inklusive Frühstück. Es gibt aber auch unzählige Bierstuben und Bierbars, beispielsweise das »Lokál« oder die traditionelle Stube »U Jelínků«.

Krutyn ist der perfekte Ausgangsort für Kajaktouren in den Masuren.

103 BIAŁOWIEŻA Polens Urwald

Ganz im Osten Polens an der Grenze zu Weißrussland liegt einer der letzten Urwälder Europas. Seit dem Mittelalter wurde an diesem Wald nichts mehr von Menschenhand gemacht. Ursprünglicher geht kaum. Viele Wanderungen oder auch Radtouren können auf eigene Faust unternommen werden. Wer allerdings in die Kernzone des Białowieża-Nationalparks möchte, darf dies – zum Schutze der Natur – nur mit Rangern. Elche, Luchse, Seeadler oder Fischotter leben hier, der wahre Star ist aber der Wisent.

TIPP

Der Wisent, das größte europäische Säugetier, lebt hier in freier Wildbahn. Er lebt in der Kernzone und steht unter allerhöchstem Schutz. Touren mit Rangern können im Nationalparkzentrum in Białowieża ausgemacht werden.

102 MASURISCHE SEENPLATTE Landschaftsjuwel

Ein Naturarchipel aus Wald und Wasser, dazwischen kleine Örtchen und alles verbunden mit Wanderwegen. So stellt man sich die Masuren nicht nur vor, so sind sie auch. Die Masurische Seenplatte ist ein unvergleichliches Naturparadies, welches zu Fuß, mit dem Rad oder vom Wasser aus erkundet werden kann. Es finden sich aber auch bezaubernde kleine Orte in der Region. Beispielsweise Olsztyn, die Hauptstadt der Ermland-Masuren, oder Nikolaiken, das polnische Venedig. Eine bezaubernde und weitläufige Region.

TIPP

Paddelfreunde aufgepasst: Die Masuren sind ein Traum zum Kanu- und Kajakfahren. Hauptausgangspunkt ist das polnische Dorf Krutyn, wo auch zahlreiche Verleihfirmen sitzen. Von ein paar Stunden bis zu Mehrtagestouren ist auf der Krutynia alles möglich.

104 KRAKAU Ab in die Drachenstadt

Ein feuerspeiender Drache bewacht den berühmten Wawelhügel mit der Wawel-Kathedrale und dem Königsschloss in Krakau. Die Stadt gilt als kulturelle Hauptstadt Polens und ist Heimat von unzähligen sehenswerten Gebäuden. Rund um sowie mit den Tuchhallen auch auf dem Marktplatz stehen jahrhundertealte Gebäude. Durch den Film »Schindlers Liste« kennen wohl die meisten auch die tragische Seite der Stadt. Das jüdische Viertel Kazimierz ist heute sehr schön und auch kulinarisch zu empfehlen, ebenso wie die Altstadt Krakaus.

TIPP

Etwas außerhalb liegt das Salzbergwerk Wieliczka. Mit mehr als 2000 Schächten und Stollen sowie der Kristallgrotte und den smaragdgrünen Seen ist es absolut sehenswert. Das ehemalige Konzentrationslager Auschwitz-Birkenau kann ebenfalls besichtigt werden.

Im Urwald Europas (oben).
Der Drache am Wawel-Hügel
speit tatsächlich Feuer (unten).

Kirchenburg gleich neben dem Camping Ananas in Rumänien

ÜBERNACHTEN IN

Osteuropa

Um Vorurteile gleich vorwegzunehmen: Natürlich finden sich auch in Osteuropa richtig tolle Campingplätze. Ja, sie sind nicht so dicht gestreut wie in anderen Regionen Europas und zugegeben, die qualitativen Unterschiede sind immens. Kommt man vom hohen Ross der mitteleuropäischen Komfortansprüche runter auf ein stattliches Pony, wird man aber fast überall fündig. Unser persönlicher Geheimtipp sind Plätze, die von Niederländern geführt werden. Das Campingvolk schlechthin bietet seine Gastfreundschaft nicht nur im eigenen Land an. Viele sind ausgewandert und haben – wen wundert's? – Campingplätze in der neuen Heimat eröffnet. Dort kann dann das hohe Ross der Ansprüche gesattelt bleiben. Sie sind alle sehr sauber, bieten top Infrastruktur und liebevolle Gastgeber. Aber keine Sorge, auch die Einheimischen lernen, was westliche Camperherzen höherschlagen lässt. Die folgenden Plätze sind persönliche Empfehlungen, die von uns alle ein gut bis sehr gut erhalten.

Rumänien
Camping Lac Murighiol
Mahmudiei nr 10, Murighiol
45°02'27.7"N 29°09'22.8"E

Camping Cheile Râsnoavei
Strada Cheia, Rosenau
45°20'49.1"N 26°42'35.4"E

Camping Ananas Sibiu
Strada Pinului, Cisnădioara
45°42'25.7"N 24°06'19.2"E

Camping de Oude Wilg
Str. Prund 40, Carta
45°47'02.1"N 24°34'01.7"E

Privater Übernachtungsplatz bei Erwin
Reservationspflicht: www.westkarpaten.ro/anfrage
DN75 1, Arieşeni
46°28'21.0"N 22°45'40.9"E

Bulgarien
Camping Han Madona Inn
Falkovets, Road 114, Yanyovets
43°35'52.4"N 22°46'47.6"E

Camping Verila
2650 Sapareva Banya
42°17'29.7"N 23°15'04.7"E

Öko Camping Batak
Tzigov Chark
41°57'29.9"N 24°09'17.0"E

Slowakei
Farm & Camping Lazy
Cerovo 163, Cerovo
48°15'06.6"N 19°13'00.4"E

Resort & Camping Bystrina
Demänovská Dolina
49°02'01.5"N 19°34'36.4"E

Camping Sedliacky Dvor
Hliník 7, Brezno-Rohozná
48°47'42.7"N 19°43'43.5"E

Hier geht es zum Kemping Misha in der Ukraine.

Ungarn
Tulipán Kemping
Tulipánkert u. 3, Eger
47°53′38.2″N 20°21′32.2″E

Camping Mayfly – Tiszavirág Kemping
Horgász u. 11/a, Rakamaz
48°07′24.7″N 21°25′05.6″E

Camping Arena Budapest
Pilisi u. 7/a, Budapest
47°30′14.6″N 19°09′28.2″E

Ukraine
Privater Stellplatz: Kemping Misha
Keveliv 30, Zakarpatska obl
48°11′24.1″N 24°17′47.0″E

Türkei
Stellplatz Istanbul – Yenikapi Parki
Katip Kasım, Fatih/İstanbul
41°00′14.8″N 28°57′21.5″E

Güneyli Gelibolu Kamp Alanı
Güneyli, Gelibolu
40°30′23.3″N 26°40′14.7″E

Tschechien
Camping Hana
Dlouhá 135, Veverská Bítýška
49°16′32.2″N 16°27′10.7″E

Caravan Park Camping Prag
Císařská louka 599, Praha 5-Smíchov
50°03′44.5″N 14°24′48.9″E

Polen
Camping Wagabunda
Ul. Leśna 2, Mikołajki
53°47′43.6″N 21°33′54.0″E

Kemping Clepardia
Henryka Pachońskiego 28, Kraków
50°05′43.0″N 19°56′28.8″E

Ausblick vom Banjska Stena im Tara-Nationalpark (S. 135)

BALKAN

Gastfreundschaft pur mit einzigartiger Natur

Der Balkan ist bei vielen ein grauer Fleck auf der Landkarte. Viele Länder entstanden erst mit dem Zerfall von Jugoslawien und bis heute sind die Grenzlinien ein viel diskutiertes Thema. Das sieht man vor allem am Kosovo, dessen Eigenständigkeit von Serbien noch immer nicht akzeptiert wird. Doch lässt man das Politische erst mal weg, zeigen sich die wahren Schätze des Balkans.

Landschaftlich spektakuläre Küstenabschnitte und mit dem Balkanmassiv nur wenig im Hinterland eine beeindruckende Bergwelt. Mehrere Nationalparks locken mit sehr ursprünglicher Natur. In den Städten treffen sehr oft unterschiedliche Kulturen und Religionen aufeinander. Daraus entstehen spannende Ortsbilder und lebendige Kulturschauplätze. Das i-Tüpfelchen machen die Menschen selbst aus. Der Balkan ist eine wahrlich gastfreundliche Region, die sich über Besucher sehr freut und sie herzlich willkommen heißt.

INFOS

Slowenien
Euro (EUR)
Vignettenpflicht Autobahn + Schnellstraßen
www.slovenia.info
Freies Campen: nicht erlaubt (teilweise toleriert)

Kroatien
Kuna (HRK)
Autobahnmaut, teilweise Brücken-/Tunnelmaut
www.croatia.hr/de-de
Freies Campen: nicht erlaubt (teilweise toleriert)

Bosnien-Herzegowina
Konvertible Mark (KM)
teilweise Autobahnmaut
www.bhembassyjo.com/en/tourism-in-bih
Freies Campen: nicht erlaubt (toleriert)

Montenegro
Euro (EUR)
keine Maut, Ausnahme Sozina-Tunnel
www.montenegro.travel
Freies Campen: nicht erlaubt (oft toleriert)

Albanien
Albanischer Lek (ALL)
keine Maut, Ausnahme Kalimash-Tunnel
www.albania.al
Freies Campen: eingeschränkt erlaubt

Kosovo
Euro (EUR)
teilweise Autobahn-/Schnellstraßenmaut
www.visitkosovo.rks-gov.net
Freies Campen: nicht verboten, offiziell toleriert

Serbien
Serbischer Dinar (RSD)
Autobahn-/Schnellstraßenmaut
www.serbien.travel/de
Freies Camping: nicht erlaubt (oft toleriert)

Nordmazedonien
Mazedonischer Denar (MKD)
Autobahnmaut
www.exploringmacedonia.com
Freies Campen: eingeschränkt erlaubt

Die Altstadt Ljubljanas mit Blick auf die Burg (links). Paddeltour auf dem Kolpa an der Grenze zu Kroatien (rechts oben). Piran, die kleine Hafenstadt Sloweniens (rechts unten).

105 LJUBLJANA Perle am Fluss

Mitten durch das fast autofreie Zentrum der kleinen Hauptstadt Sloweniens fließt die Ljubljanica. Der Fluss kommt an historischen Gebäuden, zahlreichen Restaurants und Cafés sowie an einigen Brücken vorbei. Ljubljana hat eine sehr hübsche und belebte Altstadt. Märkte, Straßenkünstler, Cafés, spannende Gebäude und vieles mehr machen die Stadt attraktiv für Einwohner wie auch Touristen. Etwas über der Stadt liegt das Schloss von Ljubljana, welches man besichtigen kann und von wo aus man auch einen beeindruckenden Ausblick hat.

TIPP

Den ganzen Tag über, aber speziell abends, ist es an der Ljubljanica sehr gemütlich. In der Gasse Cankarjevo nabrežje findet man zahlreiche Bars sowie gute Restaurants mit internationalen und slowenischen Speisen.

106 PIRAN Slowenische Riviera

Ein schmaler Streifen Küste verbindet Slowenien mit der Adria. Dort auf einer Landzunge liegt auch das hübsche Städtchen Piran. Venezianische Architektur und eine schöne Altstadt mit Fußweg am Meer entlang brachten Piran den Übernamen »Slowenische Riviera«. Enge Gassen führen vom Tartinijev, dem Platz im Zentrum, weg. An der südlichen Strandpromenade finden sich zahlreihe Restaurants mit Blick bis ins Nachbarland Kroatien hinüber. Beim Hafen sind das Aquarium, das Meeresmuseum sowie das Unterwassermuseum einen Besuch wert.

TIPP

Übernachten mit Ausblick über die Bucht von Piran? Das Weingut Bržan bietet genau das an. Der Stellplatz liegt auf einer leicht schrägen Wiese. Toilette mit Dusche vorhanden. Adresse: Marezige 76, 6273 Marezige

107 BELA KRAJINA Der Südosten

»Weiße Landschaft« heißt Bela Krajina übersetzt, was sich wohl auf die vielen Birkenwälder in der südöstlichen Grenzregion zu Kroatien bezieht. Kleine Dörfer, gepflegte alte Häuser mit bunten Gärten sowie Bauernhöfe prägen das Erscheinungsbild. Eine relativ ursprüngliche Vegetation ist beispielsweise im Regionalpark Lahinja zu erkunden. Sieben ganzjährige und zahlreiche nur zeitweise sprudelnde Quellen liegen auf dem Parkgelände. Die wohl schönste ist die Quelle der Krupa bei Semič. Sie liegt an einer Felswand im Wald.

TIPP

Lust auf eine Grenzerfahrung? Der Fluss Kolpa trennt Slowenien und Kroatien. Ihn kann man perfekt mit dem Kanu erkunden. Gut machbare Wassertreppen sorgen während der Fahrt für Action (www.kolpa-adventures.com).

Die hier entspringende
Sava mündet in
Belgrad in die Donau.

Wer sieht den kleinen Elefanten in der Mostnica-Schlucht?

108 TRIGLAV-NATIONALPARK

Quellen, Flüsse, Seen

Ganz im Norden liegt der Naturschatz von Slowenien, der Triglav-Nationalpark. Namensgeber ist der höchste Berg Sloweniens, der Triglav mit seinen 2864 Metern. Ihn kann man auch besteigen, auch zahlreiche andere hochalpine Wander- und Klettertouren sind möglich. Denn der Nationalpark liegt in den Julischen Alpen. Wo Berge sind, führen auch Passstraßen über sie hinweg. 24 Haarnadelkurven warten auf der Nordseite darauf, erklommen zu werden. Auf dem Vršičpass mit 1611 Höhenmetern starten dann zahlreiche Wanderungen mit Aussichten beidseitig der Berge. Im Winter ist der Pass geschlossen.

Wasserfälle, Quellen, Flüsse und Seen gehören ebenfalls zum Erscheinungsbild des Triglav-Nationalparks. Die Quelle der Save liegt im Naturreservat Zelenci mitten im Wald verborgen. Ein türkisblauer, glasklarer Quellsee, darin schwimmen Fische, auf ihm spiegelt sich die Bergwelt drumherum. Anders sieht es bei der Soča-Quelle aus. Ein steiler Pfad führt zu ihr hinauf, die letzten Meter führen an der Felswand entlang. Ein paar Tritte sind rausgehauen, ein Stahlseil gibt zusätzlichen Halt. Tief aus einem Felsspalt schießt das Wasser der Soča ans Tageslicht. Später eignet sich der Fluss auch zum Rafting oder für Kanu- und Kajaktouren.

Weiter südlich kommt der imposante Boka-Wasserfall, noch etwas weiter folgt der Kozjak Slap. Er verbirgt sich im Wald, die letzten 200 Meter gehen durch eine mit Farnen und Moosen bewachsenen Schlucht. Der Wasserfall selbst fällt in eine Höhle hinein – ein bezaubernder Anblick. Der bekannte Bleder See kann komplett umrundet und die darin liegende Insel von allen Seiten bestaunt werden. Das ist am Bohinj-See nicht ganz möglich, hier finden sich dafür ein paar ruhigere Plätzchen.

Am blaugrünen Fluss Radovna entlang führt ein Weg über Stege und an den Felsen gebaut durch die beeindruckende Vintgar-Klamm. Sie ist rund 1,6 Kilometer lang und kann optional als Rundweg gegangen werden.

Das sind erst einige der Schätze des Triglav-Nationalparks. Kulinarisch kommt man auch nicht zu kurz. Nationalgerichte wie Štruklji oder die Bleder kremšnita (Cremeschnitte) liegen hoch im Trend.

BERGE, WÄLDER UND WASSER – DER TRIGLAV-NATIONALPARK BIETET EINE FÜLLE VON ERLEBNISSEN FÜR JEDEN GESCHMACK. VOM GEMÜTLICHEN SPAZIERGANG BIS ZUR GIPFELBESTEIGUNG IST ALLES MÖGLICH.

TIPP

In Stara Fužina nahe dem Bohinj-See startet eine tolle Wanderung am Fluss Mostnica entlang. Durch Wälder, über Brücken und vorbei an Alpwiesen führt der Weg stets aufwärts und meist am smaragdgrünen Fluss entlang. Wer sich traut, kann unterwegs ins eiskalte Wasser eintauchen. Auch eine Einkehr in der Alphütte Slap Voje bietet sich an.

109 ISTRIEN Schöne Halbinsel

Viele Schätze auf relativ kleinem Raum finden sich auf der rund 3500 Quadratkilometer großen Halbinsel Istrien. Eine Straße folgt der Küste und bringt einen an die schönsten Orte. Die antike Stadt Novigrad mit ihren verwinkelten Gassen und dem malerischen Fischerhafen Mandrač ist einen Besuch wert. Poreč lockt mit einer schönen Altstadt sowie tollen Kieselstränden, Rovinj ist umgeben vom Meer, liegt auf einem kleinen Hügel und gilt als schönste Stadt Istriens. Pula ist deutlich größer und entzückt mit römischer Vergangenheit in Form eines Amphitheaters.

TIPP

Am Kap Kamenjak, dem südlichsten Punkt Istriens, liegt ein Naturpark mit faszinierender Unterwasserwelt. Badesachen inklusive Badeschuhe und Taucherbrille mitbringen. Wilde Orchideen wachsen zwischen den Bäumen.

110 JADRANSKA MAGISTRALA Adriatische Küstenstraße

Die Jadranska Magistrala ist eine der schönsten Küstenstraßen und führt von Triest bis nach Montenegro. In Kroatien ist sie als D8 markiert und folgt der Küste. Nicht nur fantastische Ausblicke aufs Meer und die vorgelagerten Inseln können auf der Fahrt bestaunt werden – besonders schön zum Sonnenuntergang –, sie führt auch an vielen kleinen Orten vorbei, die zu einem Stopp einladen.

TIPP

Ein interessanter Ort ist beispielsweise Primosten, der nur über einen Damm mit dem Festland verbunden ist und tolle Kiesstrände zum Baden hat. Auch Trogir mit seiner spannenden Altstadt und dem Marktareal ist einen Besuch wert.

Die Plitvicer Seen sind ein Paradies aus Seen und Wasserfällen (links). Das Amphitheater in Pula auf Istrien ist zwar nicht so groß wie das Kolosseum in Rom, aber dennoch erinnert es daran (rechts).

111 PLITVICER SEEN

Unterwegs im Wasserparadies

Eine einzigartige Landschaft aus Seen über mehrere Terrassen und Wasserfällen mitten im Wald, das sind die Plitvicer Seen. Eine grüne Oase auf verschiedenen Etagen, die im Jahr 1949 zum ersten Nationalpark Kroatiens erklärt wurde. Ein langes Netz aus Pfaden, Stegen und Treppen führt durch dieses Naturparadies, damit die Besucher es bequem zu Fuß erkunden können. Vom Frühling bis Spätsommer fährt zudem ein Boot über den See sowie ein Straßenzug vom Ende zum Eingang zurück.

TIPP

Leider sind die Plitvicer Seen kein Geheimtipp mehr und im Hochsommer sogar richtig überlaufen. Dann steigen auch die Eintrittspreise horrend an. Besser man kommt außerhalb der Hochsaison hierher.

112 SPLIT

Kultur und Strand

Kleine enge Gassen ergeben ein Labyrinth aus mehrheitlich autofreien Straßen durch die Altstadt von Split. Die ist sehr lebendig, denn hier gibt es viele Geschäfte und Cafés. Der Diokletianpalast mitten im Zentrum beeindruckt jeden, der ihn sieht. Er gehört zu den am besten erhaltenen römischen Bauten der Welt. Die Uferpromenade Riva weist eine Palmenallee auf, auch hier gibt es zahlreiche Restaurants und Cafés. Vor der Küste liegen einige Inseln, beispielsweise die lang gestreckte Insel Hvar, die per Boot in zwei Stunden erreicht werden kann.

TIPP

Liebe geht durch den Magen, auch in Split. Als Stadt am Meer gibt es viel Fisch, etwa in der Konoba Fetivi. Am Markt Stari Pazar in den Imbissbuden finden sich aber auch Ćevapčići, auch im Café Bile schmeckt es hervorragend.

113 MOSTAR Neue alte Brücke

Eingekesselt zwischen zwei Bergmassiven liegt Mostar selbst gerade einmal auf 60 Metern über dem Meer. Idyllisch fließt die Neretva durch das Stadtzentrum. Sie wird von der berühmten Stari-Most-Brücke überspannt, die im Krieg 1993 gezielt zerstört wurde. Zwei Jahre später wurde sie originalgetreu wieder aufgebaut und ist heute aufgrund des glatten Steins eine etwas rutschige Angelegenheit. Sie verbindet den muslimisch-bosniakisch geprägten Ostteil der Stadt nun wieder mit dem stärker katholisch-kroatischen Westen. Am Ostufer drückt eher der osmanische Baustil durch, hier stehen auch mehr Moscheen. Beispielsweise die Karadozbeg-Moschee an der gleichnamigen Straße ist samt ihrem schönen Garten für Besucher geöffnet. Die Brücke wird – speziell im Sommer – auch von wagemutigen Jungen zum Herunterspringen genutzt. Sogar Red Bull war mit seinem Cliff Diving Event schon hier zu Gast. Wo sie alle ins Wasser plumpsen, liegt ein kleiner Strand, den man auch über eine Treppe erreichen und, nun von unten, die imposante Bogenbrücke bestaunen kann.

Doch Mostar ist mehr als eine Brücke. Die Altstadt mit ihren steinernen Häusern ist auf beiden Flussufern absolut sehenswert. Die Geschichte ist einigen Gebäuden noch immer anzusehen, der Krieg hat seine Narben hinterlassen. Heute strotzt die Stadt aber vor Leben. Geschäfte, Cafés und Restaurants sowie Straßenhändler säumen die Altstadtgassen. Auf kleinen Bazaren werden handwerkliche Produkte feilgeboten. Am besten sucht man sich ein lauschiges Plätzchen und beobachtet eine Weile das bunte Treiben der Stadt.

Bosnischer Kaffee ist dem türkischen sehr ähnlich (links). Im Krieg zerstört, nun wieder aufgebaut: die Brücke von Mostar (Mitte). Moderne und Tradition in Sarajevo, hier die Kupfergasse (rechts).

TIPP

Etwas südlich von Mostar liegt Blagaj. Berühmt ist hier die Buna-Quelle, welche am Fuß einer rund 200 Meter hohen Felswand aus einer Höhle sprudelt. Auf der anderen Flussseite ist das Sufi-Kloster mit einem Mausoleum und Hamam. Ein türkischer Sultan ließ es dort errichten, weil er so fasziniert von der Quelle war. Es kann besichtigt werden. Gegenüber ist ein Restaurant, von dessen Terrasse aus man einen guten Blick auf die Quelle und das Derwischkloster hat. Blagaj hat mit dem Camping Mali Wimbledon auch einen schönen, sehr familiären Campingplatz.

114 SARAJEVO
Europäisches Jerusalem

Sarajevo ist für uns Autoren eine der Top 3 Städte Europas. Warum? Kulturen und Religionen treffen aufeinander, trotz der tragischen Geschichte ist es eine aufstrebende Stadt und die Menschen sind voller Energie, ihre Stadt zu einem lebenswerten Ort zu machen.
Sarajevo wird auch das Jerusalem Europas genannt. Hier trifft noch heute das osmanische Reich mit dem Islam, den dazugehörigen Moscheen, der osmanischen Architektur, den Bazaren, Kaffeehäusern, Handwerkskünsten, kulinarischen Leckereien und vielem mehr auf die einstige Österreichisch-Ungarische Monarchie. Befindet man sich in diesem Stadtteil, könnte man gefühlt auch in Wien stehen. Prunkvolle Barockbauten säumen die Straßen, Geschäfte befinden sich in und nicht vor den Gebäuden. Das gesamte Erscheinungsbild ist deutlich westlicher. Besonders sichtbar werden diese zwei unterschiedlichen Einflüsse in der Ferhadija-Straße am Sarajevo-Meeting-of-Culture-Punkt. Dort prallen sie direkt aufeinander. Dreht man sich, blickt man jeweils in eine komplett andere Welt. In Sarajevo stehen Kirchtürme neben Moscheen und Synagogen, Ethnien und Religionen verschmelzen – das ist spannend und faszinierend zu erleben.

Auch eine kulinarische Reise kann man in Sarajevo machen. Von Burek, Ćevapčići und Ayran bis hin zu Palatschinken und Burgern. Im einen Stadtteil gibt es alkoholische Getränke, im anderen nicht.
Natürlich ist nicht alles perfekt. Der Krieg zeigt sich noch mit zerstörten Gebäuden, Einschusslöchern in Hausfassaden und in Form von großer Abwanderung der jungen Leute. Doch ein Teil von ihnen kämpft für einen Fortschritt Sarajevos und an diversen Orten ist dieser bereits zu sehen.

TIPP

Sarajevo hat so viel zu erzählen. Sei es aus der Vergangenheit, speziell, wie es zum Hauptgrund des Ausbruchs vom Ersten Weltkrieg kam. Über die Belagerungszeit des Bosnienkrieges bis hin zu der Situation heute in der Stadt mit Restaurant-Tipps. Man kann sich über diese Themen in Büchern und Blogs einlesen, oder man macht eine Stadtführung. »Free Walking Tours« – sprich Stadtführungen auf Trinkgeldbasis – finden auch in Sarajevo statt. Zwei Stunden spaziert man so durch die Stadt und lernt unglaublich viel (www.sarajevowalkingtours.com).

Die Altstadt Kotors liegt hinter einer dicken Stadtmauer.

115 KOTOR Geschützte Hafenstadt

Nur ein kleiner Kanal ermöglicht die Einfahrt vom Meer in die Bucht von Kotor. Verwinkelt geht es vom Wasser aus weiter landeinwärts, durch eine erneute Meerenge und nochmals durch eine Bucht, erst dann erreicht man den Ort Kotor. Die gesamte Bucht ist umgeben von Bergen. Dieser natürliche Schutz vor Wind und Wetter wurde schon weit vor Christus entdeckt und führte zur Besiedelung genau hier. Allerdings bot die Bucht keinen Schutz vor Eroberern. So herrschten über die Jahrhunderte die unterschiedlichsten Machthaber und prägten den kleinen Ort mit ihren Baustilen, Bräuchen und Kulturen. Ein Zeuge dieser Konflikte ist die noch immer begehbare viereinhalb Kilometer lange Mauer um die Stadt herum. Auch heute betritt man den mittelalterlichen Altstadtkern Kotors durch das mächtige Tor genau dieser Mauer. Im Inneren stehen hübsche Steinhäuser malerisch beieinander. Auch Kirchen, Galerien, Cafés und Restaurants sowie Geschäfte finden sich in diesen Gebäuden. Direkt hinter den Häusern ragt eine Felswand bedrohlich empor und begrenzt Kotor.

Erreichen kann man Kotor auf unterschiedlichen Wegen. Einer führt vom Norden kommend um die gesamte Bucht herum, dabei passiert man den sehenswerten Ort Herceg Novi und einen Wasserfall – es ist wieder die Jadranska Magistrala (Seite 120), der man hier folgt. So sieht man auch die Inseln in der Bucht recht gut. Eine davon wurde von Menschenhand erschaffen. Mit Steinen gefüllte Schiffe wurden versenkt. Etwas nach Herceg Novi besteht aber auch die Möglichkeit, eine Abkürzung per Fähre zu nehmen und Kotor so schneller zu erreichen.

TIPP

Das typische Erinnerungsfoto von Kotor ist mit Blick über den Ort sowie die halbe Bucht. Dafür muss man bei einer Wanderung zur Burg St. Giovanni hinauf ganz schön Höhenmeter machen. Über die Stadtmauer geht es stets aufwärts. Die erste Aussichtsplattform ist bei der Kirche »Our Lady of Health«. Tief durchatmen, den Ausblick genießen und wer noch kann, folgt dem Pfad weiter den Berg hinauf. Ganz oben auf 260 Höhenmetern steht die Burg St. Giovanni. Von hier hat man den berühmten Postkarten-Ausblick.

Um den Schwarzsee kann man komplett herumwandern.

116 DURMITOR-NATIONALPARK

Berge und Fluss

In einer tiefen Schlucht schlängelt sich die Tara an den Bergen des Durmitor-Bergmassivs vorbei. Sie zieht eine türkisfarbene Linie durch die ansonsten grüne Landschaft, die erst über der Baumgrenze ins Steingrau wechselt. Mehrere Bergseen ergänzen das Naturparadies mit dem Namen Durmitor-Nationalpark.

Im Norden Montenegros liegt dieser Nationalpark, der bis an die Grenze zu Bosnien-Herzegowina ragt. Er kann das ganze Jahr über besucht werden. Im Winter entstehen an den Ausläufern des Bergmassivs tolle Skipisten, die dank der besonderen geografischen Lage mit sehr viel Schnee locken. Der Schnee bleibt dann auch relativ lange liegen; ist er aber größtenteils weg, sprießen schon die ersten Frühlingsblumen wie Krokusse und verwandeln die Wiesen in bunte Farbenmeere. Dann beginnt die Wandersaison, die bis weit in den Herbst hinein anhält. Eine schöne und eher leichte Tour führt um den Crno Jezero, den Schwarzen See. Eigentlich sind es ja zwei Seen, die aus einem Gletscher entstanden und ihren gemeinsamen Namen von ihrer tiefschwarzen Farbe haben.

Žabljak ist ein guter Ausgangsort zur Erkundung des Durmitor-Nationalparks. Hier befindet sich auch die Touristeninformation, die gerne mit Wanderrouten oder sonstigen Tipps für Aktivitäten weiterhilft. Dort bekommt man auch die Karte zum Durmitor-Ring, einer Panoramastraße, die auch mit Wohnmobilen (im Uhrzeigersinn) gefahren werden kann. Die Tour ist mit braunen Schildern »Panorama-Road Nr. 2« markiert und führt über den höchsten Pass, an gleich zwei spektakulären Schluchten sowie an hübschen Orten vorbei.

TIPP

Durch eine stellenweise bis zu 1300 Meter tiefe Schlucht fließt die Tara durch den Durmitor-Nationalpark. Dieser Passage wegen gilt sie als der tiefste und längste Canyon Europas. Mit eigenen Augen bekommt man diesen Abschnitt allerdings nur vom Wasser aus zu sehen und das ist kein Zuckerschlecken. Die Tara ist wild – und kalt. Im Sommer kann man mit verschiedenen Anbietern Rafting-Touren auf ihr machen und erlebt so gleichzeitig die einmalige Schönheit im Hinterland Montenegros. Dabei hat man die Wahl, ob die Tour ein paar Stunden oder einige Tage dauern soll (www.raftingtara.com).

Hoch über Gjirokaster liegt die Festung Kalaja.

117 GJIROKASTER

Bergstadt mit Vergangenheit

Eine der ältesten Städte Albaniens liegt im Hinterland, malerisch eingebettet zwischen den Bergen. Gjirokaster gehört zum UNESCO-Weltkulturerbe, speziell wegen der schönen, mit Schieferstein gedeckten Hausdächer sowie den Gebäuden meist aus osmanischer Zeit. Bei einem Spaziergang durch den bezaubernden und lebendigen Ort kann man die prächtigen Bauten von Nahem bestaunen. Immer wieder tauchen Bäckereien, Cafés oder kleine Geschäfte in den Gassen auf. Ebenso einige Restaurants, in denen frische Spezialitäten des Landes serviert werden. Im Ethnographic Museum, das im Geburtshaus des kommunistischen Machthabers Enver Hoxha untergebracht ist, im oberen Teil des Ortes kann man in die Vergangenheit Gjirokasters sowie Albaniens eintauchen. Hier lernt man traditionelle Lebensweisen sowie Handwerk der vergangenen Jahrhunderte kennen.

TIPP

Hoch über Gjirokaster befindet sich die Kalaja – die Festung mit integriertem Kriegsmuseum. Der Weg hier hinauf lohnt sich nicht nur wegen des beeindruckenden Gebäudes oder der spannenden Ausstellung, sondern vor allem auch wegen des einmaligen Ausblicks in die Dropoll-Ebene sowie die Bergwelt rund um die Stadt.

118 BUTRINT UNESCO-zertifizierte Ruinenstadt

In der Antike war Butrint ein wichtiges Zentrum, auch in der jüngeren Vergangenheit haben einige Herrscher den Ort für ihre Zwecke genutzt. Heute zeugen Ruinen vom einstigen Trubel am Butrintsee. Die UNESCO-Weltkulturstätte verteilt ihre Schätze im Wald umgeben vom See, worin schon viele Gegenstände gefunden wurden. Die Besichtigung von Butrint ist landschaftlich, aber auch geschichtlich ein toller Spaziergang. Die Anfahrt sollte via Ksamil erfolgen, denn nur eine sehr abenteuerlich aussehende Fähre verbindet im Süden Butrint mit dem anderen Flussufer.

TIPP

Ksamil ist ein guter Ausgangspunkt für Erkundungen im Süden Albaniens. Von hier sind sowohl die Butrint-Ausgrabungsstätte als auch Sarande nur wenige Fahrminuten entfernt. Auch Gjirokaster (Seite 127) und die Blue-Eye Quelle sind nah.

119 SARANDE Schöner Küstenort

Direkt am Meer liegt die knapp 20 000 Einwohner zählende Stadt Sarande und versprüht mediterranes Flair. Am glasklaren Wasser befindet sich ein kleiner Hafen, wo auch Restaurants zum Verweilen einladen. Im Restaurant Limani wird beispielsweise hervorragender Fisch serviert. Die Stadt ist sehr lebhaft und leicht chaotisch, aber auf eine spannende Art. Egal, wo man ist, man könnte stundenlang dem Treiben zuschauen. Männer mit bündelweise Bargeld wechseln Euro in Lek; es fahren gefühlt mehr Mercedes durch die Straßen, als es Einwohner gibt.

TIPP

Etwas über der Stadt liegt ein kleiner Leuchtturm. Hier ist es ruhig, höchstens ein Hirte kommt mit seinen Schafen und Kühen vorbei. Die Aussicht über die Küste und das Meer bis zu den Inseln ist sensationell.

Die mediterrane Stadt Sarande, vom Hafen aus gesehen (links). Südlich vom Llogara-Pass liegen die schönen Strände Albaniens (rechts).

120 LLOGARA-PASS

Aussicht bis nach Griechenland

Die Passstraße, auf der man zum Llogara-Pass kommt, führt durch den gleichnamigen Nationalpark. Im Norden steigt die Straße langsam durch Wiesenlandschaften an, später geht sie durch den Wald hinauf, bis man schließlich auf 1027 Metern steht. Vom Parkplatz aus kann man bei gutem Wetter den Ausblick auf die griechische Insel Korfu genießen. Die Südseite ist steiniger. Nur wenige Pinien trotzen Wind und Wetter. Immer wieder tauchen Betonpilze am Weg auf: ehemalige Bunker.

TIPP

Am südlichen Fuße des Passes starten die unendlich langen Sandstrände mit türkisfarbenem Meer. Dhermi, Himarë und Borsh heißen die ersten schönen Strände. Die Straßen sind nicht immer in gutem Zustand, vorausschauend fahren.

121 VALBONA-NATIONALPARK

Auf Schusters Rappen

In einem abgelegenen Tal, durch das der Fluss Valbona führt, liegt der Valbona-Nationalpark. Hier in den albanischen Alpen findet sich eine bezaubernde und ursprüngliche Natur. Man kann Wanderungen zu Bergseen und Wasserfällen unternehmen. Eine längere Tour führt über den Valbona-Pass, der Theth mit Valbona verbindet. Langsam entwickelt sich hier der Tourismus und so werden auch die Zufahrtstraßen immer besser ausgebaut.

TIPP

Besonders spektakulär ist die Anreise, wenn sie mit der Fähre über den Koman-Stausee gemacht wird. Rund zweieinhalb Stunden dauert die Fahrt durch das maximal 400 Meter breite Tal, rechts und links erheben sich die Berge.

Im Bärenwald Priština führen Bären ein artgerechtes Leben.

122 PRIZREN Sehenswerte Altstadt

Zwischen grünen Hügeln eingebettet, gemächlich fließt die Prizrenska Bistrica durch das Zentrum hindurch. Prizren liegt nicht nur schön, speziell die Altstadt ist auch absolut sehenswert. Weite Teile des Zentrums blieben über die Jahrhunderte gut erhalten und prägen das Stadtbild bis heute. Kathedralen stehen neben Moscheen, beide laden zur Erkundung ein. Auf einem Hügel thront die Kalaja, die Ruine der Festung kann angeschaut werden. Der Aufstieg lohnt vor allem wegen dem beeindruckenden Ausblick über die Stadt bis zu den Bergen.

TIPP

Nicht weit von der Stadt entfernt liegt der Nationalpark Malet e Sharrit. In hügeliger bis bergiger Landschaft warten tolle Wanderwege und lauschige Plätzchen auf Besucher. Im Winter ist Brezovicë ein Skigebiet, im Sommer ist der Ort ein guter Startpunkt für Wanderungen.

123 BÄRENWALD Ein Ziel für Tierliebhaber

Etwas außerhalb der Hauptstadt Priština befindet sich bei Novo Selo der Bärenwald. Früher gab es im Kosovo keine Regeln zur Bärenhaltung und die Tiere fristeten unter teilweise widrigsten Bedingungen ihr Dasein. Seit dem Jahr 2010 ist die private Haltung verboten und zahlreiche misshandelte Bären haben seitdem im Bärenwald von Vier Pfoten ein artgerechtes Zuhause gefunden. Mit dem Eintrittsgeld wird der Unterhalt mitfinanziert. Da die Bären an Menschen gewöhnt sind, kann man sie – trotz der großen Gehege – sehr gut beobachten.

TIPP

Nicht weit entfernt liegt die beeindruckende Tropfsteinhöhle Gadime. In der 1,2 Kilometer langen Höhle können nicht nur Kristalle bestaunt werden, es gibt auch einen See. Er wird Glückssee genannt und wer eine Münze hineinwirft, kann etwas Glück abbekommen.

Mitten durch Prizren fließt
die Prizrenska Bistrica.

Der Uvac schlängelt sich durch die Berge.

124 UVAC CANYON Geiergebiet

Malerisch mäandert der Uvac durch eine hügelige, grün bewachsene Landschaft. In dieser naturbelassenen Region, die als Special Nature Reserve Uvac besonderem Schutz untersteht, leben viele Wildtiere, darunter Gänsegeier. Diese riesigen Raubvögel können am besten entdeckt werden, wenn sie durch die Lüfte gleiten. Sitzen sie erst mal zwischen den Felsen, sind sie so gut getarnt, dass man sie kaum mehr ausmachen kann. Ein Fernglas sollte aber auf jeden Fall mit auf die Erkundung des Uvac Canyon.

Erkunden kann man diesen Naturschatz zwischen Nova Varoš und Sjenica wunderbar zu Fuß, aber auch vom Wasser aus (siehe Tipp). Wer sich fürs Wandern entscheidet, der muss sein Wohnmobil frühzeitig parken, denn die Wege im Park sind eher für 4x4-Fahrzeuge geeignet. Als Ziel gibt man das Restaurant Uvac (oder den Campingplatz «Markova ravan« auf Google Maps) ins Navi ein. Biegt man auf die Schotterstraße ab, parkt man spätestens auf der ersten Anhöhe nach Beginn des Schotters. Allrad-Fahrzeuge oder Mutige bei trockener Witterung können auch beim Restaurant parken – Achtung, steile Zufahrt! Beim Restaurant folgt man dem Fluss auf einem kleinen Pfad. Der Weg bleibt auf dieser Flussseite und folgt dem Uvac etwa fünf Kilometer. Dann erreicht man die Aussichtsplattform Vidikovac Molitva, von wo aus man einen wunderbaren Blick über die Schlaufen des Flusses hat. Eine tolle Wanderung durch diese einmalig schöne Natur. Wer genug hat, dreht entweder um oder folgt dem Kiesweg zurück. Aber Achtung, da folgen mehrere Abzweigungen.

TIPP

Wer dem Uvac Canyon noch näher kommen will, kann ihn auch mit einer Bootstour erkunden. Die Touren starten in Rastoke und dauern meist vier bis fünf Stunden. Dabei ist man nicht nur auf dem Wasser unterwegs. Einerseits erkundet man eine kleine Höhle, fährt natürlich die Flusswindungen ab, steigt aber auch an einer Stelle vom Fluss zu einem Aussichtspunkt hinauf. Denn seine wahre Schönheit zeigt der Uvac nur all jenen, die ihn von oben betrachten. Dort kann ein selbst mitgebrachtes Picknick verzehrt werden, bevor es mit dem Boot zurück nach Rastoke geht.

Die berühmte Einkaufsstraße im Zentrum Belgrads

125 BELGRAD Tor des Balkans

Wo die Save in die Donau fließt, liegt das sogenannte Tor zum Balkan: Belgrad. Schon weit in der Vergangenheit wurde der Standort an gleich zwei schiffbaren Flüssen sehr geschätzt und er verhalf Belgrad, als wichtiger Handelsknotenpunkt zu fungieren. Den Zusammenfluss sieht man am besten von den Festungsmauern im Kalemegdan-Park aus. Im größten Park Belgrads sind gleich mehrere spannende Orte untergebracht, unter anderem das Militärmuseum, der Zoologische Garten, ein Vergnügungspark für Kinder und verschiedene Gastronomieangebote. Ein Spaziergang durch die Anlage ist daher sehr zu empfehlen. Ab dem Kalemegdan-Park startet auch die Haupteinkaufsstraße Kneza Mihaila. Internationale Marken, aber auch kleinere Geschäfte finden sich in dieser belebten Fußgängerzone.
Wer auf hübsche, gepflegte und gleichzeitig alte Stadtteile steht, besucht Skadarlija. In dem Quartier gibt es in zahlreichen Restaurants gutes Essen und man kann das Treiben auf der Straße beobachten. Nur ein paar Hundert Meter weiter liegt der Bajloni-Markt. Teilweise in den alten Markthallen, teilweise davor werden Früchte, Gemüse und allerlei Sonstiges zum Kauf angeboten.

Belgrad ist auch als die Stadt, die niemals schläft, bekannt. Eine Ausgeh- und Partyszene ist hier entstanden, die ihresgleichen sucht – gerade auch, was das sehr niedrige Preisniveau betrifft. Einerseits finden sich diverse Lokale im Stadtzentrum; wer aber etwas Besonderes sucht, geht ans Ufer der Save. Hier liegen diverse Partyboote vor Anker, die Feierwütige sanft durch die Nacht schaukeln, bis die Sonne über der weißen Stadt wieder aufgeht.

TIPP

Belgrad hat auch kulturell einiges zu bieten. Beispielsweise in einem der zahlreichen Museen wie dem Ethnographischen Museum, dem Museum of Illusions, dem Tesla-Museum oder dem Automobil-Museum. Aber auch die alte Festung im Kalemegdan-Park oder die unterirdischen Gänge sind absolut sehenswert. Wer tiefer in die Stadt eintauchen will, dem ist eine Stadtführung zu empfehlen. Beispielsweise mit www.belgradewalkingtours.com, die Free Walking Tours, aber auch reguläre Führungen – inklusive der Untergrund-Tour – anbieten.

Fantastischer Ausblick auf den Grenzfluss Drina

Teile des Nationalparks sind mit dem Camper erkundbar.

126 TARA-NATIONALPARK

Grenzgebiet mit interessanter Fauna

Felsige Klippen ziehen sich im Tara-Gebirge durch die Landschaft. An ihren Hängen wächst ein dichter Wald. Speziell die Serbische Fichte gedeiht wunderbar, sogar die große Eiszeit hat sie hier überstanden. Die unbeschadete Vegetation und die Vielfalt der Tiere und Pflanzen verhalfen der Region zum Status mit besonderem Schutz, der Tara-Nationalpark wurde gegründet.

Heimisch sind hier nebst unzähligen Vögeln, kleinen Säugetieren und Insekten auch Braunbären, Wölfe, Gämsen und Steinadler. Hinweisschilder zum korrekten Verhalten bei Begegnungen mit den großen Raubtieren sind im ganzen Park aufgestellt. Es gibt zudem restriktive Zonen, die unter sehr strengem Schutz stehen und deshalb von Menschen nicht betreten werden dürfen. Auf Wanderkarten (siehe Tipp) sind diese Zonen farbig markiert.

Ein Netz aus über 300 Kilometern sehr gut ausgebauten und beschilderten Wanderwegen durchzieht den Nationalpark. Einer der schönsten Aussichtspunkte, den man hier finden kann, ist der Banjska Stena. Er ist relativ gut erreichbar. Der letzte Abschnitt führt direkt an einer hohen Felskante entlang. Unten fließt die Drina, welche hier als Grenze zwischen Bosnien-Herzegowina und Serbien dient. Entsprechend sieht man vom Banjska Stena aus auch weit ins Nachbarland hinein. Am eigentlichen Aussichtspunkt steht ein Fernglas. So entgeht dem Betrachter auch nicht, wer sich auf den kleinen Bötchen im Grenzfluss befindet.

Der Tara-Nationalpark ist ein Ganzjahresziel. Während vom Frühling bis in den Herbst Wandern, Mountainbiken, Klettern und vieles mehr Saison hat, finden sich im Winter gleich zwei Skigebiete. Das eine ist eher für Anfänger ideal, da es flache Hänge bietet. Beim anderen kommen auch erfahrene Wintersportler auf ihre Kosten.

Nebst den Naturschätzen befinden sich natürlich auch einige kleinere Dörfer auf dem Nationalparkgelände. Oft sind sie auf Touristen spezialisiert und haben entsprechend ein paar Restaurants mit traditionellen Speisen oder verkaufen selbst gebrannten Schnaps. Beispielsweise Zaovine oder Šljivovica sind solche Orte.

DIE HÖCHSTEN GIPFEL DES TARA-GEBIRGES RAGEN MEHR ALS 1500 METER ÜBER DEM MEERESSPIEGEL EMPOR. BENANNT WURDE DIESE FANTASTISCHE BERGWELT NACH DEM GOTT TAR.

TIPP

Eine ideale erste Anlaufstelle ist der Ort Mitrovac. Mitten im Tara-Nationalpark gelegen, ist hier auch die Touristeninformation ansässig. Dort gibt es die Wanderkarte zum Nationalpark. Die Wege sind grob beschrieben und mit dem Höhenprofil der Strecken versehen – auf Deutsch. Die entsprechenden Wegnummern finden sich dann auch im weitläufigen Wegnetz vor Ort.

Sanfte grüne Hügel und versteckte Klosteranlagen in der Ovčar-Kablar-Schlucht

127 OVČAR-KABLAR-SCHLUCHT Land der Klöster

Zwischen den Bergen Ovčar und Kablar windet sich der Fluss Zapadna Morava malerisch seines Weges. Ein verwunschenes Tal ist entstanden, an den Berghängen wächst dichter Wald. Die Straße führt nahe dem Fluss entlang, Wanderwege ebenso. Diese führen aber auch mal steil den Berg hinauf und ermöglichen so eine fantastische Aussicht auf die Szenerie. Ovčar Banja ist dabei als Kurort schon seit Römertagen bekannt. Heute bieten nur ein Hotel und ein medizinisches Wellnesscenter das Bad im Thermalwasser noch an.

TIPP

Mal im dichten Wald versteckt, mal auf einem Felsvorsprung erbaut liegen insgesamt zehn Klosteranlagen in der 16 Kilometer langen Ovčar-Kablar-Schlucht. Beidseitig des Flusses sind sie verteilt. Einige der Anlagen können auch besichtigt werden, beispielsweise das sehr schöne Kloster Blagoveštenje am nördlichen Ufer.

128 EISERNES TOR Donaudurchbruch

Die Donau hat sich tief in die Landschaft gegraben und ist die Grenze zwischen Serbien und Rumänien. Wo das Balkan- auf das Karpatengebirge trifft, bahnte sie sich sogar den Weg mitten durch den Felsen. Der wohl imposanteste Taldurchbruch Europas entstand: das Eiserne Tor. Die tiefste Stelle der Donau misst hier mehr als 130 Meter. Früher war der Durchbruch wegen Felsen und Stromschnellen eine äußerst gefährliche Etappe, vor einigen Jahren wurde sie durch den Bau eines Staudamms und zweier Wasserkraftwerke entschärft und ist heute das Highlight einer jeden Donaukreuzfahrt. Stellenweise führt die Straße ebenfalls direkt an dieser Enge entlang.

TIPP

Eisernes Tor heißt auf Serbisch Đerdap und so nennt sich auch der hier liegende Nationalpark. Wanderwege mit atemberaubenden Aussichten – beispielsweise vom Veliki Strvac aus – führen durch ihn hindurch. Kurz vor dem Eisernen Tor steht die schöne Festung Golubac, welche ganzjährig besichtigt werden kann.

Die Festung von Golubac befindet sich direkt am Eingang zum Eisernen Tor.

Große und kleinere Schiffe laden zu einer Fahrt auf dem Ohridsee ein (links). Das kleine Kloster Sveti Naum liegt direkt am Ohridsee (rechts oben). Der Matka Canyon (rechts unten).

129 OHRID Erlebnisreicher See

Das Aushängeschild Nordmazedoniens ist der Ohrid-See. An seinem Ufer finden sich zahlreiche Sehenswürdigkeiten wie das Kloster Sveti Naum, das Pfahlbaudorf Bay of Bones oder auch Ohrid selbst. Die Stadt hat eine schöne Seepromenade und eine lebendige Altstadt mit noch immer sichtbarem Einfluss des osmanischen Reiches. Auch der türkische Basar ist absolut sehenswert – besonders für alle, die etwas Hunger verspüren. Auf einem Hügel am Stadtrand thront die Festung des Zaren Samuil. Das Wahrzeichen der Stadt kann auch besichtigt werden.

TIPP

Die Orte rund um den Ohrid-See lassen sich bequem per Boot erkunden. Schiffe legen in Ohrid am Hafen ab. Man wählt zwischen Privattouren in kleinen Booten oder dem öffentlichen großen Kursschiff.

130 SVETI NAUM Kleines Kloster

An der Grenze zu Albanien steht das hübsche Kloster Sveti Naum. Das steinerne Bauwerk ist relativ klein und besteht innerhalb der Klostermauer aus einer Klosterkirche, einem Garten sowie mehreren Restaurants. Die Klosterkirche ist reich mit Fresken verziert und ein sehr hübscher Bau mit dem Wechsel von grauen und roten Steinen. Rundherum gibt es einen Spazierweg, an dem mehrere Quellen liegen. Mit kleinen Holzkähnen werden Fahrten den Fluss hinauf zu den Quellen angeboten, man kann den Weg aber auch zu Fuß gehen.

TIPP

Zwischen dem Ohrid- und dem Prespasee liegt das Galičica-Gebirge im gleichnamigen Nationalpark. Man kann nicht nur wandern, klettern und mountainbiken, sondern auch die fantastischen Ausblicke auf den Ohrid-See genießen.

131 MATKA CANYON
Ausflugsziel

Der Matka-Stausee ist ein lohnendes Ausflugsziel in der Nähe von Skopje. Sein lang gezogener Arm zieht sich wunderschön durch das Tal, zu beiden Seiten steigen die Felswände steil empor. Eine grüne Lunge für alle Städter. Erkunden kann man den Matka Canyon auf verschiedene Arten. Ein Wanderweg wurde teils an und in den Felsen gehauen. Am Eingang zur Schlucht kann aber auch ein Kanu gemietet und selbst gepaddelt werden. Oder man steigt direkt in ein Motorboot ein und lässt sich bis zur Süßwasserhöhle chauffieren.

TIPP

Deutlich ruhiger ist es im Mavrovo-Nationalpark. Er ist noch wenig erschlossen. Ein guter Ausgangspunkt ist der gleichnamige Stausee. Per Fahrrad kann man ihn umrunden und am Ufer übernachten (Freistehen).

ÜBERNACHTEN IM

Balkan

Die familiärsten Campingplätze finden sich im Balkan. Oft sind es einfache Familien, die rund um ihr Haus ein paar Plätze für Wohnmobile und Zelte anbieten. Es sind einfache, aber mit einer ausgesprochenen Gastfreundschaft geführte Campingplätze. Die ganze Familie ist involviert und wenn die Eltern kein Englisch oder Deutsch sprechen, werden die Kinder geschickt – sobald sie von der Schule zu Hause sind. Nicht selten gibt es einen Begrüßungsschnaps, oder zwei. Auch hier darf man nicht mit westlichem Maßstab kommen, sondern sollte sich freuen, wenn es Frischwasser und eine Entsorgungsstation dazu gibt. Dafür darf man die hier erlebte Gastfreundschaft nicht als Messlatte für westliche Campingplätze nehmen, denn da würde fast jeder durchfallen. Einzige Ausnahme ist übrigens der Kosovo: Dort gibt es noch keinen offiziellen Campingplatz. Gastfreundschaft aber sehr wohl und so findet man leicht ein Plätzchen für die Nacht. Die folgenden Campingplätze sind gute bis sehr gute Anlaufstellen.

Der Campingplatz Ksamil in Albanien

Slowenien
Ljubljana Resort Hotel & Camp
Dunajska cesta 270, Ljubljana
46°05'51.7"N 14°31'05.8"E

PZA – camper stop Bržan
Marezige 76, Marezige
45°30'36.3"N 13°48'11.8"E

Camp Špik (Triglav-NP)
Jezerci 15, Gozd Martuljek
46°29'03.8"N 13°50'16.9"E

Camp Danica
Triglavska c. 60, Bohinjska Bistrica
46°16'29.0"N 13°56'51.5"E

Kanu Kamp Radenci ob Kolpi
Srednji Radenci 2, Stari trg ob Kolpi
45°27'58.0"N 15°05'32.9"E

Kroatien
Mediteran Kamp Rovinj
Ul. Porton Biondi 2, Rovinj
45°05'43.9"N 13°38'36.3"E

Camp Vivi – Bauernhof
D52 45, Gornji Babin Potok
44°50'12.7"N 15°31'55.1"E

Camping Stobreč Split
Sv. Lovre 6, Split
43°30'14.2"N 16°31'35.5"E

Bosnien-Herzegowina
Camping Mali Wimbledon
Blagaj bb, Mostar
43°15'47.4"N 17°52'40.5"E

Camping Sarajevo
Mratnjevaće 57, Sarajevo-Ilidza
43°50'20.0"N 18°15'52.7"E

Die Gastfreundschaft im Balkan ist richtig toll!

Montenegro
Camping Mimoza
Jadranska magistrala, Tivat
42°28′19.3″N 18°42′27.2″E

AutoCamp Mlinski Potok
Žabljak, Pitomine b.b
43°09′18.4″N 19°06′01.8″E

Albanien
Camping Gjirokaster
Rruga Valere, Topullaraj, Gjirokaster
40°06′06.6″N 20°09′02.3″E

Camping Caravan Ksamil
SH81, Ksamil
39°46′41.3″N 20°00′21.3″E

Guesthouse Arben Selimaj
Rruga Azem Hajdari, Bajram Curri
42°27′26.6″N 19°54′03.6″E

Serbien
Mini-Kamping Viljamovka
Selo Kremna, Mokra Gora
43°50′42.3″N 19°34′27.3″E

Camping Zornica House
Zivorada Jankovica 13, Baćevac
43°50′42.3″N 19°34′27.3″E

Camp Asin
Čezava, Dobra
44°38′27.9″N 21°50′21.7″E

Nordmazedonien
Camping Rino
Struga, Kalishta
41°09′21.2″N 20°39′02.5″E

Manarola, eines der
fünf Cinque-Terre-Dörfer

SÜDEUROPA

Von Wüsten, Inseln und Bergen

Sonne und Meer, ein paar Palmen, ein kühles Getränk – so stellt man sich den Süden gerne vor und natürlich kann man auch genau solche Orte im südlichen Europa finden.

Doch es verstecken sich noch viel mehr tolle und spannende Plätze im Süden, als nur die Liege am Strand. Im Norden Italiens liegt eine Region, die stark an Kanada erinnert, Spanien bietet gleich zwei wüstenähnliche Regionen, Griechenland trumpft mit viel Antike und »schwebenden Klöstern« auf, Malta ist das Freistehland schlechthin und Portugal hat nebst unglaublich schönen Stränden auch Städte, die einen verzaubern. Im Sommer ist es heiß, im Winter nicht ganz so kalt und im Frühling und Herbst genau richtig. Die für einen passende Reisezeit zu finden, ist gerade beim Reisen im Wohnmobil wichtig. Denn 40 Grad plus sind für die meisten kein Vergnügen mehr. Da hören sich 19 Grad im Januar doch schon viel besser an – etwa an der Südspitze der Iberischen Halbinsel.

INFOS

Italien
Euro (EUR)
Autobahn-/Citymaut, Tunnelgebühr
www.enit.de
Freies Campen: eingeschränkt erlaubt

Malta
Euro (EUR)
keine Maut, Citymaut Valletta
www.visitmalta.com
Freies Campen: nicht erlaubt (oft toleriert)

Spanien
Euro (EUR)
Autobahnmaut auf Autopistas (AP)
www.spain.info
Freies Campen: eingeschränkt erlaubt

Portugal
Euro (EUR)
Autobahnmaut auf Auto estrada
www.visitportugal.com
Freies Campen: nicht erlaubt (Inland oft toleriert)

Griechenland
Euro (EUR)
Autobahnmaut, teilweise Brücken-/Tunnelmaut
www.visitgreece.gr
Freies Campen: nicht erlaubt (oft toleriert)

Die Kathedrale Maria Santissima Assunta in der Stadt Palermo

132 PALERMO

Sizilienflair pur

Palermo ist eine lebhafte, fröhliche und leicht chaotische Stadt. Sie vereint die arabische mit der europäischen Welt – Tunis, die Hauptstadt Tunesiens, ist näher als Rom. Das riecht und schmeckt man am bunten Markt von Ballarò. Es finden täglich noch weitere Märkte, verteilt in den Gassen Palermos, statt, auf denen man lecker und regional essen kann. Die Hauptstadt Siziliens hat schöne Ecken und weniger schöne, doch interessant sind sie alle. Eine äußerst spannende Stadt, die man unbedingt einmal besuchen sollte.

TIPP

Den historischen Turm San Nicolò am Markt von Ballarò kann man besteigen. Das vierstöckige Bauwerk ist der älteste und einer der höchsten Türme Palermos und bietet einen fantastischen Blick über die Stadt bis ans Meer. Gleichzeitig hört man die Marktschreie der Verkäufer vom Markt unten.

133 MATERA

Einst Schandfleck, heute Aushängeschild

Matera wurde als Schandfleck der Nation betitelt, da hier die allerunterste Schicht Menschen hausen musste. Matera ist nicht schön, aber auf bizarre Weise bezaubernd. Kein Architekt hat es erschaffen, es ist einfach entstanden. Die Häuser dicht bei- und übereinander an den Felsen geschmiegt, kleine verwinkelte Gassen. Immer wieder tauchen Restaurants, Cafés oder Galerien in den Häuschen auf. An einigen Punkten der Oberstadt kann man über den unteren Teil Materas blicken. Hübsch? Eher nein. Spannend? Auf jeden Fall.

TIPP

Rund um Matera gibt es noch die alten Höhlen. Bevor die Menschen in den Häusern wohnten, hausten sie dort. Wanderwege führen durch die Hügel und vorbei an den nun unbewohnten Höhlen. Es warten steile Auf- und Abstiege.

134 NATIONALPARK CIRCEO

Ein sandiger, heller Halbmond

Die Küste, ein lang gezogener Halbmond, schmiegt sich hier als wunderschöne Bucht zwischen Land und Meer. Ein Sandstrand, so weit das Auge reicht, dahinter eine bewachsene Düne, die Küstenstraße und dann kleine Seen, Wälder und Hügel. Das alles gehört zum Nationalpark Circeo, nahe dem Ort Sabaudia. Eine Fülle an Vögeln und Säugetieren lebt hier. Zwei, drei Buden stehen am Meer. Hier können die Surfer und Strandbesucher sich einen Drink genehmigen oder beim Essen auf die Weite des Mittelmeers schauen.

TIPP

Namensgeber des Nationalparks ist der Monte Circeo. Ein hoher Fels direkt am Meer, der bestiegen werden kann. Ein Wanderweg führt hinauf, doch es ist auch etwas Spurensuche notwendig, um diesem folgen zu können. Der Ausblick von oben ist phänomenal.

Matera (oben), Strand im Nationalparks Circeo (unten)

Eine Stichstraße führt auf den Colle del Nivolet.

135 COLLE DEL NIVOLET

Bezaubernde Passstraße

Eigentlich sollte er das Aostatal mit dem Piemont verbinden, doch der fast zur selben Zeit gegründete Nationalpark Gran Paradiso hat dies auf Seite des Aostatals verhindert. So führt diese einzigartige Passstraße nur auf der Südseite vom Piemont aus auf die Passhöhe und endet dort an einem wunderschönen Stausee. Kurvenreiche Serpentinen führen den Berg hinauf. Die Aussichten schon von unterwegs ins Tal hinunter sind phänomenal. Man passiert hübsche Örtchen, mehrere Stauseen, Wälder und Wasserfälle. Je höher man kommt, desto größer ist die Wahrscheinlichkeit, Murmeltiere zu sehen. Auch Füchse, Gämsen, Steinböcke und andere Wildtiere leben hier. Verschiedene Wanderrouten führen Besucher durch die beeindruckende Berglandschaft und lassen einen so die atemberaubende Szenerie noch besser erleben.

TIPP

Die Straße ist nicht überall breit genug, um zu kreuzen. Da aber alle denselben Weg wieder hinuntermüssen, kann es durchaus einiges an Gegenverkehr geben. Daher empfehlen wir, den Pass möglichst am Morgen hochzufahren und abends runter. Es soll zudem toleriert sein, am obersten Stausee frei zu übernachten.

Den Nationalpark Gran Paradiso kann man gut zu Fuß erkunden (links). Das hübsche Dorf Manarola gehört zu den Cinque Terre (rechts oben). Turin ist eine absolut sehenswerte Stadt (rechts unten).

136 CINQUE TERRE

Fünf schmucke Dörfer

Etwas an der Küste verstreut liegen die berühmten fünf bunten Dörfer der Cinque Terre. Scheint die Sonne, strahlen die Farben der Häuser mit dem Türkisblau des Meeres um die Wette. Ja, sie sind bei Touristen beliebt, weil sie wirklich so zauberhaft sind, wie es immer heißt. Vier liegen direkt am Wasser, Corniglia auf einem Hügel mit Blick aufs Meer. Idealerweise nimmt man sich mindestens zwei bis drei Tage Zeit für alle fünf Dörfer.

TIPP

Die Dörfer liegen an den Steilküsten, Straßen verbinden sie nur mit enormen Umwegen durchs Hinterland und Parkplätze sind rar. Am besten reist man per Zug von Ort zu Ort. Die Züge fahren mehrmals die Stunde ab Levanto oder La Spezia. Die Cinque Terre Card bietet Vergünstigungen.

137 TURIN

Unbekannte Perle

Turin hat den Ruf einer Industriestadt, nicht lohnenswert für eine Besichtigung. Wer trotzdem hinfährt, wird schnell sehr positiv überrascht. Mitten durch Turin fließt der Fluss Po. Bars, Parks und Erholungszonen liegen an seinen Ufern. Im Zentrum dominieren prächtige Bauten, spannende Plätze, kulturelle Sehenswürdigkeiten und ein riesiger Markt. Turin ist eine sensationelle Stadt, die unbedingt besucht werden sollte.

TIPP

Zwischen dem Bahnhof Porta Nuova und dem Valentino-Park gelegen, erwacht das Apéro-Viertel San Salvario speziell am frühen Abend zum Leben. Diverse Bars bieten kleine ausgewählte Häppchen zu den Getränken an, beispielsweise an der Via Giuseppe Baretti.

138 GRAN PARADISO

Erster Nationalpark Italiens

Ein wahrlich großes Naturparadies für alle Wander- und Bergfreunde liegt im Nordwesten Italiens. Dem Steinbock galt der besondere Schutz des ersten italienischen Nationalparks und den sieht man heute häufig im Parkgelände. Auch Gämsen, Steinadler, Murmeltiere und sehr selten Bartgeier kann man beobachten. Einmalige Wanderwege führen durch die ursprüngliche Natur der in Täler gesplitteten Berglandschaft.

TIPP

Im Nationalpark gibt es zwei Camping Gran Paradiso. Einen bei Cogne, den anderen im Tal Valsavarenche (Zusatz Dr. Franco Caviglia). Beide sind bezaubernd, aber zwei Fahrstunden voneinander entfernt – bei Buchung und Anreise aufpassen!

Hier stand einst das Azure Window, heute ein toller Freistehplatz (links). Valetta, ein Mix aus Orientalisch und Europäisch (rechts).

139 MALTA Kleine Inselschönheit

Zugegeben, nach Malta fährt man nicht mal einfach zufällig. Man muss ab Sizilien die Fähre nach Valletta nehmen. Bereits die Hafeneinfahrt ist einfach nur spektakulär. Majestätisch und wie aus einer anderen Zeit thronen die Häuser der Hauptstadt von Malta an einem Hügel. Allesamt sind sie in einem hellen Beigefarbton, dem Stein, aus dem sie erbaut sind, geschuldet. Wer den Mund wieder zubekommen hat, sollte sich nun Gedanken über den hier herrschenden Linksverkehr machen. Malta gehört zum Commonwealth of Nations, also dem ehemaligen Britischen Empire und dessen Spuren sind bis heute an vielen Orten spürbar.

Malta ist ein Mix aus arabischem und britischem Einfluss. Das sieht man an der Architektur. Die steinernen Bauten erinnern stark an arabische Länder, wären da nicht die typisch britischen bunten Erker. Englisch ist eine der Amtssprachen nebst dem maltesischen, was wiederum ein Mix aus Englisch und Arabisch ist – in lateinischer Schrift. Dieser kulturelle Mix macht Malta so einzigartig.

Landschaftlich gesehen bietet die Insel wunderschöne Strände, meist Felsküsten, mit artenreicher Unterwasserwelt. Schnorcheln oder Tauchen ist daher ein wahres Vergnügen.

Malta bietet ganzjährig ein mediterranes Klima, der Wind hilft, dass es im Sommer nicht zu heiß wird. Nebst toller Natur gibt es auch kleinere, sehr sehenswerte Fischerorte sowie die alte Hauptstadt Mdina, mit ihrem mittelalterlichen Stadtbild. Filme und Kulissenorte spielen auf der Insel ebenfalls eine wichtige Rolle, beispielsweise das Popeye-Village oder die Malta Film Studios.

TIPP

Das maltesische Nationalgebäck nennt sich Pastizzi. Eine knusprige Blätterteigtasche traditionellerweise gefüllt mit Erbsenmousse oder Ricottacreme. Ein herzhafter Snack, den es auf ganz Malta zu kaufen gibt. Die Verkaufsgeschäfte heißen Pastizzeria und man findet sie in fast jedem Ort. Manchmal werden die Pastizzi auch von Straßenverkäufern angeboten. Am besten schmecken sie, wenn sie frisch und noch warm sind. Manch einer bietet noch weitere Füllungen an wie beispielsweise Hackfleisch, Hähnchenfüllung oder eine süße Alternative mit Schokolade.

AUF MALTA GIBT ES KEINE TOURISTEN-CAMPINGPLÄTZE, NUR EINE ENTSORGUNGSSTELLE BEI MELLIEHA. SOMIT KANN MAN NUR FREISTEHEN.

140 GOZO Natur- und Freistehparadies

Berühmt war Gozo für das Azure Window, einen natürlich entstandenen großen Felsbogen an der Westküste der Insel. Vor ein paar Jahren ist er bei einem Unwetter eingestürzt, trotzdem ist der Ort, wo er war, auch heute noch wunderschön und die Anreise lohnt sich. Die raue Küste mit den scharf geschliffenen Klippen, das tiefblaue Meer und die grün bewachsenen Hügel laden zum Träumen ein.

Das Maltesische Archipel umfasst insgesamt 21 Inseln, nach Malta selbst ist Gozo die zweitgrößte. Fischerei und Landwirtschaft sind die Haupttätigkeiten, mittlerweile ist der sanfte Tourismus in Form von geführten Wanderungen, Quadtouren oder der Hotellerie dazugekommen. Salz wird noch immer in den Salt Pans abgebaut. Hohe Wellen füllen die in den Sandstein gehauenen kleinen Becken, dank der Sonne verdunstet das Wasser: Zurück bleibt das Meersalz. Ein schöner Ort, der im Norden der Insel sehr gut zugänglich ist. Victoria, auch Rabat genannt, liegt geografisch exakt in der Mitte von Gozo und ist der Lebensmittelpunkt der Inselbewohner. Die sehr gut erhaltene Zitadelle befindet sich auf einem Hügel über der Stadt. Wer möchte, kann die schöne Anlage besichtigen. In den Gassen von Victoria spürt man die Freude, was Gozo übersetzt heißt. In den engen Gassen tummeln sich Geschäfte, kleine Cafés und auch Restaurants mit schönen Terrassen zwischen den hübschen Gebäuden. Serviert werden regionale Leckereien und maltesische Spezialitäten, die oft die arabische mit der britischen Küche vermischen. Die Bewohner haben ihren eigenen Charakter, eigenen Dialekt und sind äußerst gastfreundlich.

TIPP

Während viele Gäste nur einen Tagesausflug machen, lohnt sich die rund 20-minütige Fährfahrt von Malta auf Gozo für Wohnmobilisten gleich für mehrere Tage. Im Norden von Gozo steht ein weiterer Felsbogen. Die Straße dorthin ist allerdings sehr schmal und fährt man den Rundkurs streckenweise nur geschottert. Die wohl schönsten Freistehplätze Europas finden sich in der Nähe des Felsbogens. Direkt an der Klippe stehend, gute 20 bis 30 Meter darunter das Meer. Tagsüber kommen ein paar Wanderer vorbei, abends ist man ganz allein.

141 EL ROCÍO

Kleines Traditionsdorf

Sandige Naturwege führen mitten durch das Zentrum des kleinen Dorfes El Rocío. Der Grund dafür sind die Pferde. El Rocío ist ein Wallfahrtsort, der speziell über Pfingsten stark frequentiert ist. Zu dieser Zeit, aber auch sonst im Jahr ist man hier hauptsächlich hoch zu Pferd oder in Kutschen unterwegs. Ein ganz spezieller Ort mit viel andalusischer Tradition, zu der auch das leckere Essen in den wenigen Restaurants passt.

TIPP

Zwischen El Rocío und dem Meer liegt der Nationalpark Coto de Doñana. Ab Las Rocinas, Palacio del Acebron und El Acebuche gibt es Naturlehrpfade, Reittouren können bei der Finca La Habana gebucht werden.

142 TARIFA

Dünen und Wind

Endlose Strände, ein stetiger Wind und viel Lebensfreude – das ist Tarifa. Der kleine Ort liegt am südlichsten Punkt von Spanien, dort, wo der Atlantik und das Mittelmeer sich treffen. Tarifas Strände sind für Windsport bekannt. Kitesurfen, Windsurfen, ja sogar GoKarts sind mit Segeln ausgestattet. Abends lässt man den Tag in einer der Bars bei Tapas und Drinks ausklingen. Reiten, Wandern, Delfin- und Walbeobachtungen: Vieles ist möglich.

TIPP

Mehrere riesige Sanddünen liegen rund um Tarifa. Durch die Duna de Valdevaqueros kann man auf einer Asphaltstraße fahren und dabei die Sicht bis nach Marokko genießen. Kleine Pfade führen zu lauschigen Plätzchen.

Nicht nur für Bergziegen interessant: der Steinwald von El Torcal (links). El Rocío ist ein Mekka für alle Freunde der andalusischen Traditionen (rechts).

143 EL TORCAL

Spektakulärer Steinwald

Etwas im Hinterland, aber noch mit Blick aufs Meer liegt El Torcal. Riesige Felsen – einst lagen sie unter dem Meeresspiegel – türmen sich hier auf, dazwischen liegen tiefe Schluchten. Hunderte dieser geschichteten Felsen stehen nebeneinander und geben der Landschaft ihr prägendes Erscheinungsbild. Verschiedene Wanderwege führen ab dem Informationszentrum durch die skurrile Gegend. Bergziegen klettern lieber direkt auf den Felsen.

TIPP

Der nächstgelegene Ort ist Antequera. Im hübschen Dorf gibt es einen offiziellen Wohnmobilstellplatz (Auffahrkeile nötig) und richtig gute Restaurants. Insbesondere das Mesón las Hazuelas ist sehr zu empfehlen.

144 PRAIA DAS CATEDRAIS

Eindrucksvolle Felsformationen

Ein wunderschöner Felsstrand an der Nordküste Spaniens ist die Praia das Catedrais. Nur bei Ebbe können der Strand betreten und die bizarren Formen der Felsen besichtigt werden. Dann kann man durch Schluchten gehen und gleich mehrere Felsbögen bewundern. Muscheln klammern sich an die nassen Felsen. Sie warten auf die Flut. Besucher müssen die Gezeiten auch im Blick haben, nur wenige Aufgänge führen auf die sicheren Felsen hinauf.

TIPP

Dieser wunderschöne Strand lockt in der Hochsaison viele Besucher an, dann muss man sich sogar ein Ticket buchen. Vom Herbst bis zum Frühling ist die Situation hingegen sehr entspannt und der Besuch richtig mystisch.

Pamplona ist ein Muss für Nordspanien-Reisende.

145 BARDENAS REALES

Halbwüste im Norden Spaniens

Es ist einer der beeindruckendsten Orte von ganz Europa. Eine karge Landschaft, überall Felsen und tiefe Risse im Boden, es staubt. Die Bardenas Reales in Nordspanien ist eine Halbwüste, die auf Schotterstraßen erkundet werden kann. Es sieht im wahrsten Sinne des Wortes aus wie im Wilden Westen, nur die Cowboys fehlen. Weite Ebenen mit unendlich wirkenden, geraden Wegen, Gänsegeier kreisen am Himmel, eine kleine Oase ist mit Schilf bewachsen, ansonsten ist alles staubtrocken. Das muss man einfach gesehen haben.

TIPP

Nur wenige Fahrminuten vom Eingang zu den Bardenas Reales entfernt liegt Arcueidas. Am offiziellen Wohnmobilstellplatz am Ortsrand verbergen sich Höhlen im Felsen. Man kann sie erkunden und wird so einige Alltagsgegenstände noch finden. Das Ortszentrum, wo es auch Restaurants gibt, erreicht man gut zu Fuß.

146 PAMPLONA

Mehr als Stiere

Pamplona ist bekannt wegen der berühmten Stierhatz zu Sanfermines (im Juli), man muss diese Tradition nicht mögen, um die Stadt zu lieben. Sie ist richtig hübsch, bietet spannende Ecken und ist speziell abends voller Leben. Überall kann man Pintxos – Tapas im Nordspanischen – essen und etwas dazu trinken. Die schöne Altstadt ist umgeben von einer Stadtmauer und mehreren Stadttoren. Dazu gibt es einen gut gelegenen Stadt-Stellplatz. Kultur, schöner Stadtkern, gutes Essen und zentral parken – was will das Camperherz mehr?

TIPP

Im Besucherzentrum gibt es einen Prospekt mit Routen zum selbst ablaufen. So kann man etwa auf der traditionellen Stierhatz-Route gehen und bekommt die speziellen Orte erklärt oder man kann andere Rundgänge durch Pamplona unternehmen. Parallel liest man in der Broschüre weitergehende Informationen nach.

Die Bardenas Reales sollte man in Nordspanien auf keinen Fall verpassen.

Die Universitätsstadt Coimbra hat auch musikalisch viel zu bieten.

148 PORTO Stadt am Fluss

Porto ist eine äußerst spannende und hübsche Stadt. Das Hafenviertel Ribeira mit seinen bunten Häusern und den Portweinschiffen ist auch bekannt für die leckeren Restaurants. Typisch portugiesische Fassaden aus Azulejos – handgemalten Kacheln – finden sich beispielsweise in der Bahnhofshalle von Porto São Bento oder der Kirche Igreja do Carmo. Die Markthallen Mercado do Bolhão sind absolut sehenswert, gleich daneben können frische Pasteis de Nata (mit Puddingcreme gefüllte Blätterteigtörtchen) probiert werden. Eine wahrlich lohnenswerte Stadt!

TIPP

Ursprünglich wird die Landschaft, wenn man dem Fluss Douro ins Hinterland folgt. Hier wachsen die Trauben für den berühmten Portwein sowie die Douro-Tafelweine. Atemberaubende Aussichten warten entlang der Strecke.

147 COIMBRA Universitäts- und Fadostadt

Auf einem Felsen, etwas erhöht über dem Fluss, liegt Coimbra. Im Zentrum liegt die wunderschöne Altstadt, die sich über mehrere Etagen erstreckt. Verbunden werden die Ebenen über alte Stadttore, beispielsweise den Torre de Almedina. Enge Gassen führen immer weiter den Hügel hinauf. Fado dringt aus einigen Geschäften, es ist die Musik aus der Seele Portugals. Der Fado de Coimbra ist dabei eine anerkannte Unterart. Ganz oben angelangt, thront die Sé-Velha-Kathedrale wie eine Burg in der oberen Altstadt.

TIPP

Coimbra ist eine Universitätsstadt. Sie ist nicht nur jung und lebendig, der Campus selbst ist mit seinen einmaligen Räumen absolut sehenswert – allen voran die Bibliothek. J. K. Rowling (Harry Potter) soll zudem von den Studenten-Umhängen inspiriert worden sein.

149 PORTUGIESISCHE STRÄNDE Kleinode an der Südwestküste

Speziell von Lissabon bis Faro hat Portugal unglaublich schöne Strände. Vor den beeindruckenden Felsklippen ziehen sich schmale Streifen endloser Sandstrände entlang, die selbst bei Flut noch begehbar sind. Das Wasser des Atlantiks ist glasklar und reich an Leben, aber bitterkalt. Viele der Strände liegen weit ab von Städten mitten in der wilden Natur. Kleine Straßen, teils Schotterpisten, führen zu den Stränden. Kurz zuvor finden sich meist Parkplätze. Seit 2021 gilt dort ein striktes Campingverbot.

TIPP

Die schönsten Strände finden sich im Parque Natural do Sudoeste Alentejano e Costa Vicentina. Speziell die Praia da Bordeira ist wunderschön und lädt zu Wanderungen an der Küste entlang ein. Der einzige kleine Haken, den wir finden können, ist das dortige Übernachtungsverbot.

Die Praia da Bordeira (oben).
Das Hafenviertel von Porto:
Ribeira (unten).

Die Insel Monemvasia zeigt
Griechenlands Schönheit.

150 MONEMVASIA

Inselstadt

Auf einem Felsen ein paar Meter vor der Ostküste des Peloponnes liegt das bezaubernde Monemvasia. Rundherum türkisblaues, glasklares Meer, nur ein Damm verbindet den Ort mit dem Festland. Monemvasia ist autofrei, Fahrzeuge würden auch gar nicht durch das schmale, alte Tor mit der ehemaligen Zugbrücke davor passen. Ebenso schmal und verwinkelt sind die Gassen zwischen den beeindruckenden kleinen Steinhäusern. Ein paar Geschäfte haben sich in den Gebäuden niedergelassen, enge Gassen führen zu Restaurants und deren aussichtsreichen Terrassen. Besonders beliebt sind hier Fischgerichte – klar, das Meer ist ja direkt vor der Tür. Zwischen den Häusern blühen bunte Blumen in den kleinen Wiesen. Aber auch an den Hauswänden, in Töpfen auf Treppen und Fensterbänken stehen überall herrliche Blumen.

TIPP

Wer noch Energie hat und etwas mehr von der kleinen Insel sehen möchte, kann die Oberstadt besuchen. Eine schöne und gleichzeitig beschwerliche Wanderung führt den steilen Weg hinauf. Von der alten Festung auf der Hügelspitze aus ist der Blick auf die Unterstadt und das Meer drumherum einmalig schön.

Athen, Tor zur Antike und Moderne (links). Mystisch thronen die Meteora-Klöster auf ihren Felsen (rechts oben). Nebst tollen Stränden gibt es auf Lefkada auch einen Wasserfall (rechts unten).

151 METEORA Schwebende Klöster

In den Bergen Griechenlands liegen die mystischen Meteora-Klöster. Skurrile Felsen übersäen die Landschaft um Kalambaka wie Pilze. Einige Klosteranlagen wurden auf den Spitzen von ihnen errichtet, andere in den Stein hineingehauen, wo sie bis heute nur über Strickleitern erreichbar sind. Wanderwege sowie eine Straße führen durch diese beeindruckende Landschaft bis zu den Klöstern hinauf. Liegt nun noch Nebel im Tal, schweben die Klöster förmlich, was ihnen den Namen Meteora (»in der Höhe schwebend«) verliehen hat.

TIPP

Sechs Klöster sind heute noch für Besucher geöffnet, vier von Mönchen bewohnt sowie zwei Frauenklöster. Alle haben strenge Kleidervorschriften für Besucher. Wickelröcke können vor Ort geliehen werden.

152 LEFKADA Südseefeeling

Griechenland ist bekannt für seine traumhaften Inseln, leider sind die mit dem Wohnmobil nur per Fähre erreichbar – außer Lefkada! Ein Damm verbindet die Insel mit dem Festland. Lefkada ist bekannt für seine malerischen weißen Sandstrände. Wassersportler kommen dabei voll auf ihre Kosten: Kiten, Windsurfen, Segeln oder auch Tauchen stehen hoch im Kurs. An der Südspitze liegt ein malerischer Leuchtturm, ganz im Norden gleich beim Damm befindet sich der Ort Lefkada. Hier gibt es Geschäfte, Restaurants und einen Hafen.

TIPP

Eine schöne Wandertour führt durch den Wald, an einem kleinen Fluss entlang bis zu den Dimosari-Wasserfällen. Dort kann man auch baden. Allerdings trocknet der Fluss im Sommer gerne mal aus. Die Strecke ist trotzdem schön.

153 ATHEN Lebendige Antike

Athen gilt als einer der geschichtstrachtigsten Orte der Welt. In der Altstadt stechen monumentale Bauten wie die Akropolis mit dem Pantheon heraus. Besonders gut sieht man diese Bauwerke vom Filopappou-Hügel aus. Doch noch weit mehr Bauten aus der Antike können besichtigt werden. Im moderneren Stadtteil Monastiraki dominieren tagsüber diverse Märkte und Souvenirgeschäfte, abends wird es zum Ausgeh- und In-Viertel. So trifft Moderne auf Geschichte, Vergangenheit auf Gegenwart und Zukunft – eine äußerst spannende Stadt mit vielen Gesichtern.

TIPP

Moderne Kunst findet sich in den Straßen des alternativen Viertels Exarchia. Graffitis zieren Wände, Garagentore und weitere Flächen. Einige Kunstwerke sind richtig raffiniert und wurden über Ecken und Kanten gesprayt.

ÜBERNACHTEN IN

Südeuropa

Gerne stellt man sich die Campingplätze in Pinienwäldern direkt am Meer vor. Leicht sandiger Boden, nur die Nadeln der Pinien piksen in die Fußsohlen, wenn man barfuß geht. Doch ganz so leicht ist die Campingplatzsuche in Südeuropa dann doch nicht. Sanitäranlagen aus dem vorletzten Jahrhundert, heißes Wasser Fehlanzeige. Oder man trifft auf riesige Touristenbunker mit Hunderten Plätzen und eigenen Einkaufsläden auf dem Areal – keine kleinen Geschäfte, Supermärkte! Die einen mögen's, die anderen suchen weiter die gängigen Plattformen wie ADAC mit PiN-CAMP, stellplatz.info, ACSI-Eurocampings, Stellplatz-Radar von Promobile und wie sie alle heißen durch. Für all jene, die auch im Süden gerne auf Bauernhöfen und bei lokalen Produzenten übernachten wollen, kommt hier die gute Nachricht: Selbstverständlich gibt es solche Portale mit Jahresmitgliedschaften auch in Südeuropa. In Italien ist das »Agricamper Italia« oder in Spanien »España Discovery«. Ein leicht anderes Prinzip findet sich auf »Portugal Easy Camp«, wo Plätze auf der Plattform einzeln gebucht und bezahlt werden. In Griechenland gibt es so etwas bislang leider nicht, nur die Seite www.campingreece.gr kann allenfalls helfen, wobei sie wohl nicht mehr aktualisiert wird. Malta tanzt komplett aus der Reihe. Der kleine Inselstaat hat keine Touristen-Campingplätze. Es gibt nur einen Platz für Dauercamper und eine Entsorgungsstation mit inoffiziellem kostenlosen Stellplatz. Die folgenden Camping- und Stellplätze sind wiederum persönliche Empfehlungen, die meisten sind wirklich gute Plätze:

Italien

Stadt-Stellplatz Palermo
Via Quarto dei Mille 11b, Palermo
38°06'35.1"N 13°20'32.9"E

Area Camper Kartodromo Matera
Strada Statale 7 km 582, Matera
40°40'49.0"N 16°37'27.6"E

Agriturismo Fratelli Mizzon
Via S. Andrea n° 14, Sabaudia
41°19'03.2"N 13°01'09.8"E

Camping wie in Kanada im Valsavarenche-Tal in Norditalien

Camping Smeraldo
Località Preata, Moneglia
44°14'17.5"N 9°28'39.3"E

Campeggio Grinto
Corso Trieste 94, Moncalieri
45°00'36.0"N 7°40'17.5"E

Camping Gran Paradiso Dr. Franco Caviglia
Localita' Plan De La Pesse 1, Valsavarenche
45°32'58.2"N 7°12'45.0"E

Malta

Entsorgungsstation Malta
Ghadira, Mellieha
35°58'26.3"N 14°20'56.9"E

Spanien

Camping Torre de la Peña
km 78, N-340, Tarifa
36°03'24.2"N 5°39'34.3"W

Freistehen ist am Praia da Bordeira leider nicht mehr erlaubt.

Àrea d'autocaravanes Argueidas
65 Calle Val, 31513 Arguedas
42°10'25.9"N 1°35'29.9"W

Atalaia Camper Park
Lugar Forxan, 2E, Lugo
43°34'45.3"N 7°16'25.6"W

Parking autocaravanes Trinitarios Pamplona
Av. de Gipuzkoa Etorbidea 1-409, Pamplona
42°49'15.7"N 1°39'23.5"W

Portugal

Olivenbauer Passeite
Rua Moinho do Rei, Condeixa-a-Nova
40°06'27.3"N 8°28'30.8"W

Parque Campismo Salgueiros
R. Campismo 263, Porto
41°07'15.4"N 8°39'40.0"W

Camping Mikki's Place to Stay
Areias de Pera 700a, Pera
37°07'43.5"N 8°19'22.8"W

Griechenland

Campsite Vrachos Kastraki
Kalambaka (Meteora)
39°42'47.8"N 21°36'56.5"E

Camping Desimi Beach
Kavvadas Bros, Vlycho, Lefkada
38°40'21.2"N 20°42'39.0"E

Camping Athens
Leof. Athinon 198-200, Athina
38°00'31.5"N 23°40'19.6"E

Die Meteora-Klöster sind faszinierend und wunderschön.

REGISTER

IMPRESSUM

Verantwortlich: Kerstin Thiele
Redaktion und Lektorat: Anne Köhler
Satz: Elke Mader
Repro: LUDWIG:media
Kartografie: Huber Kartografie
Herstellung: Anna Katavic
Printed in Slovenia by Florjancic

★★★★★

Sind Sie mit diesem Titel zufrieden? Dann würden wir uns über Ihre Weiterempfehlung freuen.
Erzählen Sie es im Freundeskreis, berichten Sie Ihrem Buchhändler, oder bewerten Sie bei Onlinekauf. Und wenn Sie Kritik, Korrekturen, Aktualisierungen haben, freuen wir uns über Ihre Nachricht an Bruckmann Verlag, Postfach 40 02 09, D-80702 München oder per E-Mail an lektorat@verlagshaus.de.

Unser komplettes Programm finden Sie unter www.bruckmann.de

In diesem Buch wird aus Gründen der besseren Lesbarkeit das generische Maskulinum verwendet. Weibliche und anderweitige Geschlechteridentitäten werden dabei ausdrücklich mitgemeint, soweit es für die Aussage erforderlich ist.

Bildnachweis: Alle Abbildungen des Umschlags und des Innenteils stammen von den Autoren außer Andreas Staal: 22, Tobias Stößel: 23 u., Michael Schwager: 76 o.;
Shutterstock: 11 (Anneka), 35 (Tsuguliev), 43 u. (high fliers), 56 o. (Boerescu), 108/109 (Boris Stroujko)

Umschlagvorderseite: Duna De Valdevaqueros bei Tarifa, Spanien
Umschlagrückseite: o. li. Bretagne, o. re. Rumänien, u. li. Schweiz, u. re. Italien
Umschlagklappe vorne: o. Griechenland, m. Luxemburg, u. Belgrad

Die Deutsche Nationalbibliothek verzeichnet diese Publikation in der Deutschen Nationalbibliografie; detaillierte bibliografische Daten sind im Internet über http://dnb.d-nb.de abrufbar.

ISBN 978-3-7343-2430-7